N'oublions pas

4ᵉ à 6ᵉ année

Texte de Ruth Solski
Illustrations de Ric Ward
Texte français de Solange Champagne

À propos de l'auteure :
Ruth Solski a été éducatrice pendant 30 ans. Fondatrice de S&S Learning Materials, elle a écrit un grand nombre d'ouvrages pédagogiques, au fil des années. Son objectif premier est de fournir aux enseignants des outils efficaces à utiliser en classe et de faire découvrir aux enfants les plaisirs de l'apprentissage.

ISBN 978-1-55035-915-2
Copyright 2008
Tous droits réservés * Imprimé au Canada

Publié au Canada par :
S&S Learning Materials
15, avenue Dairy
Napanee (Ontario)
K7R 1M4
www.sslearning.com

Voici d'autres titres en français

Éditeur :
S&S Learning Materials
15, avenue Dairy
Napanee (Ontario)
K7R 1M4
www.sslearning.com

N'oublions pas

Table des matières

N'oublions pas

Attentes

Les fiches d'information et d'activités que contient le présent ouvrage ont pour but d'aider les élèves :

- à reconnaître le sacrifice fait par des milliers de Canadiens et de Canadiennes, au cours de la Première Guerre mondiale et de la Seconde Guerre mondiale;

- à comprendre la signification du jour du Souvenir;

- à reconnaître la manière dont les cérémonies et les rites du passé se reflètent dans le présent;

- à comprendre la dure réalité et les complexités de la guerre;

- à apprécier la détermination, le courage et l'acharnement dont font preuve des femmes et des hommes pour défendre les principes de liberté dans notre société multiculturelle actuelle;

- à résoudre efficacement les conflits;

- à célébrer la paix.

Vocabulaire

Mots ayant trait au jour du Souvenir

Première Guerre mondiale, Seconde Guerre mondiale, novembre, troupes, soldat, fantassin, pilote, marin, monument, cénotaphe, coquelicot, Légion royale canadienne, tour de la Paix, Monument commémoratif de guerre, *Au Champ d'honneur*, les Flandres, croix, couronne de fleurs, vétéran, marche, parade, fanfare, chœur, silence de deux minutes, clairon, sonnerie aux morts, jour J, armée, force aérienne, force navale, Croix-Rouge, souvenir, louanges, mort, honneur, combattre, guerre, exploit, cimetière, héros, héroïne, héroïsme, fierté, loyauté, vaillant(e), sacrifice, tyrannie, oppression, liberté, dignité, hommage, courage, devoir, dédier, brave, bravoure, victoire, vainqueur, alliés, défaite, fier, fière, se rendre, respect

Pays et villes célèbres

Normandie, Pearl Harbor, Nagasaki, Dunkerque, Angleterre, Londres, France, Paris, Belgique, Pays-Bas, Allemagne, Berlin, Hiroshima, Tokyo, Japon, Moscou, Russie (Union soviétique), Pologne, Varsovie

N'oublions pas

Dirigeants ayant joué un rôle important

Winston Churchill, Adolf Hitler, Benito Mussolini, Franklin D. Roosevelt, Hideki Tojo

Matériel militaire

char d'assaut, avion, jeep, navire de combat, porte-avions, artillerie, arme à feu, baïonnette, casque, uniforme, bombe, bombe atomique, grenade, bombe volante, arme, obus, masque à gaz, radar, sous-marin, mitrailleuse, torpille

Autres mots se rapportant à la guerre

sirène, raid aérien, prisonnier de guerre, camp de prisonniers, camp de concentration, tranchée, kamikaze, guerre-éclair, bombardement, combat, front, bataille, tuer, blesser, détruire, tirer, espion, défendre, champ de bataille

Suggestions pour les enseignants

Durée de l'unité :

Vous pouvez explorer ce thème tout au long du mois de novembre. Ne vous attardez pas sur les aspects les plus pénibles de la guerre, mais plutôt sur des aspects plus positifs, tels la paix, l'amitié, le respect, l'honneur, la fraternité, la résolution de problèmes, l'harmonie, etc.

Planification :

Procurez-vous les articles ci-dessous avant de commencer l'unité :

Des images et des photographies : la tour de la Paix, le Monument commémoratif de guerre du Canada, un vrai coquelicot, des scènes de guerre, du personnel militaire, des cénotaphes, des monuments commémoratifs, du matériel militaire, des héros de guerre, des symboles de paix, un cimetière militaire

 # N'oublions pas

Des films et des vidéos se rapportant à la Première Guerre mondiale et à la Seconde Guerre mondiale.

Des ouvrages traitant des deux guerres, de matériel militaire, de pays où des guerres se sont déroulées, de dirigeants qui ont joué un rôle dans une guerre, de héros de guerre, etc.

Sujets de discussion :

Il vous revient de choisir les sujets à discuter et de décider si la discussion sera sommaire ou approfondie.

- Qu'est-ce que c'est, une guerre? – ses causes

- La Première Guerre mondiale – ses causes, les pays impliqués, les résultats, la participation du Canada

- La Seconde Guerre mondiale – ses causes, les pays impliqués, les résultats, la participation du Canada

- Les dirigeants qui ont joué un rôle de premier plan au cours de la Première Guerre mondiale et de la Seconde Guerre mondiale – Winston Churchill, Adolf Hitler, Benito Mussolini, Hideki Tojo, Franklin D. Roosevelt

- La paix – les organismes de maintien de la paix, les Nations unies, le prix Nobel de la paix, Lester B. Pearson, les forces canadiennes de maintien de la paix

- La liberté et son importance – tous les pays du monde ne bénéficient pas du même degré de liberté que le Canada. Exemples : Cuba, Russie, Corée

- Les symboles de la paix – la colombe, le drapeau blanc, le rameau d'olivier, l'Arbre de la Grande Paix (1390), le calumet de paix, le gage de réconciliation, le pont de la Paix, le Jardin international de la paix

- L'amitié – son importance, les relations avec ses amis

- Le respect – comment faire preuve de respect, pourquoi cela est important

- L'héroïsme et les actions héroïques – les caractéristiques d'un héros ou d'une héroïne. Faites un remue-méninges pour trouver des exemples d'actions héroïques.

- Les souvenirs – Faites un remue-méninges pour trouver des souvenirs importants. Discutez des souvenirs de guerre et de leurs effets sur les gens.

 # N'oublions pas

Idées d'ouvrages à lire :

1. Proposez à vos élèves des livres traitant de familles qui ont traversé une guerre. Les élèves pourront les lire au cours du mois de novembre. Choisissez un ouvrage que vous lirez en classe et qui fera l'objet d'une discussion. Les élèves pourront aussi lire les ouvrages individuellement ou dans le cadre d'un travail de lecture en groupe.

   Exemples de livres :
   - *Les Mille oiseaux de Sadako* (Eleanor Coerr)
   - *Compte les étoiles* (Lois Lowry)
   - *Le ciel croule* (Kit Pearson)
   - *Le mystère de l'île au Roc Noir* (Robert Sutherland)
   - *Rilla d'Ingleside* (Lucy Maud Montgomery)
   - *L'été de mon soldat allemand* (Bette Green)
   - *Soldat Peaceful* (Michael Morpurgo)
   - *Au temps de la Grande Guerre* (René Ponthus)
   - *C'était la guerre des tranchées : 1914-1918* (Jacques Tardi)
   - *J'ai vécu la Première Guerre mondiale 1914-1918* (Jean-Yves Dana)

2. Lisez des poèmes au sujet d'actions héroïques, du jour du Souvenir, de combats, de la guerre, de la vie durant la guerre, etc. Voici quelques exemples de poèmes qui pourront vous être utiles pour amener les élèves à mieux comprendre la signification du jour du Souvenir :
   - *Le cauchemar des deux mères* (Eugène Manuel)
   - *Le livre d'heures de la guerre* (Henry Dérieux)
   - *Après les discours sur l'empire* (Ted Plantos)
   - *Une équipe* (Siegried Sassoon)
   - *Credo* (Dick Diespecker)
   - *Le faucheur* (Bill Caddick)
   - *Aux soldats morts* (Émile Verhaeren)
   - *Au champ d'honneur* (John McCrae)

 # N'oublions pas

Musique :

Apprenez aux élèves des chansons au sujet de la paix, du jour du Souvenir, de l'amitié et de la liberté. Chanter des chansons de l'époque de la guerre pourrait aussi être intéressant pour eux.

Préparez un centre d'écoute où les élèves pourront écouter la musique qui était populaire pendant les deux guerres mondiales.

Les élèves pourraient aussi apprendre certaines des danses qui étaient à la mode au cours de ces périodes.

Arts plastiques :

Organisez un concours d'affiches pour vos élèves. Ils pourraient y explorer des thèmes tels l'amitié, la paix, la liberté, la guerre ou le jour du Souvenir.

Ils pourraient aussi fabriquer une couronne de fleurs à accrocher à la porte de la classe ou chez eux.

Art dramatique :

Vos élèves pourraient organiser une cérémonie pour le jour du Souvenir, à laquelle assisterait toute l'école. La cérémonie pourrait comprendre des poèmes, de la musique et des histoires.

Invités :

Invitez un ancien combattant ou un membre de la Légion royale canadienne de votre ville à venir parler du jour du Souvenir à vos élèves et à répondre à leurs questions. Vous pourriez aussi inviter une personne qui est actuellement dans les Forces armées à venir décrire aux élèves les missions de maintien de la paix dans lesquelles le Canada joue un rôle, à différents endroits dans le monde.

Exposition :

Vous pourriez placer, un peu partout dans la classe, des livres sur le jour du Souvenir, sur les guerres, sur le matériel de guerre et sur des dirigeants qui ont joué un rôle important dans les diverses guerres.

Invitez les élèves à apporter en classe des souvenirs collectionnés par leurs grands-parents ou leurs arrière-grands-parents, au cours des années de guerre, tels que des médailles, des uniformes, des photos noir et blanc. Placez ces articles sur une table de souvenirs de guerre.

 # N'oublions pas

Mappemonde :

Procurez-vous une grande mappemonde que vous étendrez sur une table. Il vous faudra aussi de la pâte à modeler et des bâtonnets. Demandez à vos élèves de faire une recherche pour découvrir les pays qu'on appelait Alliés et les pays qui formaient l'Axe, au cours de la Seconde Guerre mondiale. Assignez un pays à chaque élève. L'élève devra découvrir le drapeau de ce pays et l'illustrer. Il collera ensuite son drapeau sur un bâtonnet qu'il plantera dans de la pâte à modeler. Après avoir trouvé son pays sur la mappemonde, il y placera son drapeau.

Ouvrages de référence gratuits

Tous les ouvrages ci-dessous sont offerts gratuitement aux centres de ressources des écoles. La demande doit être faite par l'enseignant(e)-bibliothécaire, sur du papier à en-tête de l'école.

Adresse : Division des communications
Anciens Combattants Canada
Bureau 1525A
66, rue Slater
Ottawa (Ontario) K1A 0P4
ou rendez-vous au site d'Anciens Combattants Canada : www.vac-acc.gc.ca

- **Une journée pour se souvenir** – Offert en ensembles pour la classe. Comprend : Pourquoi se souvenir? De qui nous souvenons-nous? De quoi devrions-nous nous souvenir? Comment nous souvenons-nous? Une brochure illustrée de photos noir et blanc.

- **Le Canada pendant la Première Guerre mondiale et la route vers la crête de Vimy**

- **Lieutenant-colonel John McCrae** – Une courte brochure sur l'auteur de « In Flanders Fields » (« Au champ d'honneur »). Contient une photo de sa tombe, la version française de son poème et l'histoire du coquelicot comme symbole.

- **Souvenir de vaillance – La participation du Canada à la Seconde Guerre mondiale** – Chapitres sur la façon dont la guerre a débuté, la bataille de l'Atlantique, la défense de Hong Kong, le raid de Dieppe, la conquête de la Sicile, la guerre en mer et dans le ciel, la libération des Pays-Bas, etc. Photos noir et blanc.

- **Souvenir de vaillance – La participation du Canada à la Première Guerre mondiale** – Semblable à l'ouvrage précédent, avec cartes géographiques; chapitres sur les divers combats à la crête de Vimy, la Somme, Passchendaele, la colline 70, etc.

- **Souvenir de vaillance – Les Canadiens en Corée** – Contient des cartes géographiques; chapitres sur les événements qui ont mené au conflit, les troupes canadiennes en action, les divers combats.

- **Vaillance en mer – La marine marchande du Canada**

- **Soldats autochtones – Terres étrangères**

Le ministère met aussi à votre disposition de nombreuses affiches ayant la guerre pour thème.

Distributeurs :

La liste ci-dessous vous fournit les adresses d'organismes auprès desquels vous pouvez vous procurer des films, des diapositives ou d'autre matériel. Vous devrez peut-être verser un petit montant pour le matériel. Nous vous suggérons de vérifier avant de passer une commande.

- Musée canadien de la guerre, 330, promenade Sussex, Ottawa (Ontario) K1A 0M8
  Attention : Conservateur, Art militaire – tél. : (613) 992-4330

- La Légion royale canadienne, Direction nationale, 86, Aird Place, Ottawa (Ontario) K2L 0A1
  – tél. : (613) 591-3335

- UNICEF Canada, Canada Square, 2200, rue Yonge, 11e étage, Toronto (Ontario) M4S 2C6
  – tél. : (416) 482-4444

Rubrique d'évaluation de l'enseignant

Sujet : _____

Date : _____

Notes :
S - Satisfaisant
A - S'améliore
D - Doit faire mieux
I - Insatisfaisant

Noms des élèves

N'oublions pas

Rubrique d'autoévaluation de l'élève

Nom : _____ Date : _____

Colorie en rouge le cercle qui correspond à une activité complétée et corrigée.

Lecture :

1. Qu'est-ce que la guerre? ○
2. Première Guerre mondiale ○
3. Conditions de bataille pendant la Première Guerre mondiale ○
4. Conséquences de la Première Guerre mondiale ○
5. Seconde Guerre mondiale ○
6. Conséquences de la Seconde Guerre mondiale ○
7. Monument commémoratif de guerre ○
8. Cérémonie du jour du Souvenir ○
9. Deux minutes de silence ○
10. La fleur du Souvenir ○
11. La tour de la Paix ○
12. Héros de guerre canadiens ○
13. John McCrae ○

Réflexion :

1. Mes trois souhaits... ○
2. Le jour du Souvenir, c'est... ○
3. En état d'alerte! ○
4. Affiche pour le jour du Souvenir ○
5. Les combats au front ○
6. Actes de bravoure ○
7. Une interview ○
8. Dirigé par un dictateur ○
9. Un tableau d'honneur ○

Recherche :

1. Dirigeants en temps de guerre ○
2. La fleur du Souvenir ○
3. Endroits importants ○
4. Recherche sur un pays ○
5. Médailles canadiennes ○
6. Engins de guerre ○
7. La bombe atomique ○
8. Un tour du monde ○

Étude des mots :

1. Mots croisés ○
2. Mots cachés ○
3. Syllabes ○
4. Antonymes ○
5. Synonymes ○
6. Pluriel ○
7. Catégories de mots ○
8. Mots dans d'autres mots ○
9. Anagrammes ○

Création littéraire :

1. À la recherche d'un poème ○
2. Une phrase pour se souvenir ○
3. Paroles de reconnaissance ○
4. Pensées sur le jour du Souvenir ○
5. Rédaction d'une histoire ○
6. Une carte de souhaits ○
7. Poème en escalier ○
8. Quintil ○
9. Haïku ○
10. Acrostiche ○

N'oublions pas

Fiche d'information 1

Qu'est-ce que la guerre?

La guerre est une lutte qui s'engage lorsque deux grands groupes essaient de se détruire ou de conquérir le territoire l'un de l'autre. Beaucoup de guerres se sont déroulées depuis le commencement du monde. Autrefois, des familles se battaient contre d'autres familles, des tribus affrontaient d'autres tribus, et les membres de groupes religieux s'attaquaient aux membres d'autres groupes religieux. À l'époque moderne, les guerres ont plutôt opposé des nations ou des groupes de nations.

Des guerres se déroulent quelque part dans le monde presque constamment, depuis des centaines d'années. Les gens détestent la guerre, à cause des épreuves et des souffrances qu'elle entraîne. De nos jours, la plupart des nations ou des groupes essaient de régler les problèmes de manière pacifique. Parfois, la guerre résulte d'un désaccord entre nations ou encore de la soif de conquête.

Il y a longtemps, les gens combattaient souvent parce qu'ils n'avaient pas assez à manger. Ils attaquaient leurs voisins afin d'obtenir d'autres terres où faire pousser leur nourriture. Ce type de guerre s'est déroulé des années 1600 aux années 1800 entre les pionniers et les peuples autochtones. Les autochtones voulaient parcourir librement les terres pour chasser, piéger et pêcher, tandis que les pionniers voulaient défricher les terres afin de les cultiver. Beaucoup de guerres et de combats ont eu lieu pendant cette période.

Dans les temps anciens, les empires se faisaient la guerre pour obtenir des richesses. Le dirigeant d'un empire décidait, un jour, de conquérir d'autres territoires, dans le but d'y percevoir des impôts des habitants. Il envoyait son armée au combat, mais ne chassait pas les habitants de leur pays.

Alexandre le Grand a mené ses soldats dans une guerre contre l'empire persan, en 334 av. J.-C. Les gens ordinaires, dans les pays conquis, ne se préoccupaient presque pas de l'invasion. Tout ce qu'ils voulaient, c'étaient que leurs biens ne soient pas détruits. Il leur importait peu de savoir qui allait percevoir les impôts.

En Europe, certaines guerres ont été déclenchées par des nations qui voulaient augmenter leur puissance. Ces guerres ont rassemblé les habitants de chacune des nations concernées et ont renforcé leur gouvernement.

Les pays se dotent de forces armées pour se défendre en cas d'une attaque lancée par leurs voisins. Il arrive qu'un pays craigne un autre pays en particulier et choisisse de le frapper le premier. Parfois, un pays décide de conquérir un voisin plus faible, afin de se procurer d'autres ressources qui lui permettront de se défendre en cas d'attaque.

Diverses raisons et causes poussent une nation à déclarer la guerre à une autre nation. Il y a une différence entre les raisons et les causes. Le gouvernement déclare toujours les « raisons » qui le poussent à déclencher la guerre, afin de pouvoir convaincre le peuple de soutenir l'effort de guerre. Ces raisons sont habituellement nobles. Par contre, les « causes » de la guerre ont souvent leur source dans l'égoïsme, la vilénie ou même la méchanceté.

N'oublions pas

Activité de lecture 1

Lis la fiche d'information intitulée « Qu'est-ce que la guerre? ».

Réponds aux questions ci-dessous.

1. Des guerres sont déclenchées depuis que le monde est monde. Énumère cinq raisons pour lesquelles des guerres ont eu lieu.

_____

_____

_____

_____

_____

_____

_____

2. Quelles sont les différences entre les « causes » et les « raisons » d'une guerre?

_____

_____

_____

_____

_____

_____

_____

3. Pourquoi les gens détestent-ils les guerres?

_____

_____

4. Rédige un paragraphe dans lequel tu expliqueras tes sentiments à l'égard de la guerre.

_____

_____

_____

_____

_____

_____

N'oublions pas

Fiche d'information 2

La Première Guerre mondiale

La Première Guerre mondiale, qu'on a d'abord appelée « la Grande Guerre », a débuté en 1914 et s'est terminée en 1918. C'est l'assassinat de l'archiduc François-Ferdinand de Habsbourg, à Sarajevo (à l'époque, la capitale de la province de Bosnie-Herzégovine, en Autriche-Hongrie) qui a servi d'élément déclencheur à cette guerre. Il ne s'agissait pas de la cause principale. Les causes principales de la Première Guerre mondiale ont été la montée du nationalisme, l'accroissement de la puissance militaire, la concurrence pour les colonies et un système d'alliances militaires.

La Première Guerre mondiale a débuté dans les Balkans, qui avait déjà été le site de plusieurs petites guerres. Cette région a souvent été appelée « le baril de poudre de l'Europe ». Au début des années 1900, les Balkans ont combattu l'Empire ottoman, lors de la première guerre balkanique (1912-1913), puis lors de la seconde guerre balkanique (1913). Les grandes puissances ne se sont pas mêlées de ces deux guerres, mais elles n'ont pas pu échapper au troisième conflit qui s'est déclaré dans cette région.

L'archiduc François-Ferdinand, héritier du trône de l'Autriche-Hongrie, avait décidé de se rendre en Bosnie-Herzégovine avec sa femme, Sophie, afin d'apaiser les tensions qui régnaient entre les Balkans et l'Autriche-Hongrie. L'automobile dans laquelle le couple était monté circulait dans les rues de Sarajevo, le 28 juin 1914, lorsqu'un homme a sauté sur le véhicule et tiré deux coups de feu. L'archiduc et sa femme sont morts presque instantanément. L'assassin, Gavrilo Princip, avait des liens avec un groupe terroriste serbe appelé « Main noire ».

Cet assassinat a fourni à l'Autriche-Hongrie une excuse pour écraser la Serbie, son ennemie de longue date dans les Balkans.

Voici une liste des événements importants de la Première Guerre mondiale. Ceux qui sont précédés d'un astérisque (*) sont des événements auxquels a participé le Canada.

Dates importantes

Année : 1914

28 juin - L'archiduc François-Ferdinand d'Autriche-Hongrie est assassiné par Gavrilo Princip, à Sarajevo.

28 juillet - L'Autriche-Hongrie déclare la guerre à la Serbie.

4 août - L'Allemagne envahit la Belgique, un pays neutre, et engage le combat.

* La Grande-Bretagne déclare la guerre à l'Allemagne; le Canada est automatiquement en guerre.

10 août - L'Autriche-Hongrie envahit la Russie, ouvrant le combat sur le front de l'Est.

N'oublions pas

Fiche d'information 2

Dates importantes (suite)

8-9 septembre - Les Alliés arrêtent l'avancée des Allemands en France, au cours de la première bataille de la Marne.

Octobre - * 32 100 soldats canadiens voguent vers l'Angleterre, où est stationnée la Première Division canadienne.

Année : 1915

18 février - L'Allemagne fait un blocus de la Grande-Bretagne.

25 avril - Les troupes alliées débarquent sur la péninsule de Gallipoli.

* La deuxième bataille d'Ypres : les troupes canadiennes résistent aux Allemands, malgré la première attaque au gaz de ces derniers, au cours de cette guerre.

23 mai - L'Italie déclare la guerre à l'Autriche-Hongrie, et un front italien est établi.

Septembre - * Les Première et Deuxième Divisions canadiennes sont réunies pour former le Corps canadien.

Année : 1916

21 février - Les Allemands déclenchent la bataille de Verdun.

31 mai - 1er juin - La flotte britannique affronte la flotte allemande, lors de la bataille du Jutland.

* Le lieutenant-général Julian Byng devient commandant du Corps canadien.

Juin - * La bataille du mont Sorrel

1er juillet - Les Alliés déclenchent la bataille de la Somme.

Septembre - novembre
* Les Canadiens participent à la bataille de la Somme.

Année : 1917

1er février - L'Allemagne reprend la guerre sous-marine sans restrictions.

* Le premier ministre Borden assiste à la première Conférence impériale de guerre, à Londres, en Angleterre.

N'oublions pas

Fiche d'information 2

Dates importantes (suite)

6 avril - Les États-Unis déclarent la guerre à l'Allemagne.

* La bataille de la crête de Vimy – la plus célèbre bataille canadienne de la guerre

24 juin - Les troupes américaines débarquent en France.

* Billy Bishop reçoit la Croix de Victoria.

* Arthur Currie devient commandant du Corps canadien.

Août - * Le service militaire obligatoire (ou conscription)

Novembre - * La bataille de Passchendaele

6 décembre - * L'explosion dans le port d'Halifax

15 décembre - La Russie et l'Allemagne signe un armistice, mettant ainsi fin à la guerre au front de l'Est

Année : 1918

18 janvier - Le président américain Woodrow Wilson annonce ses Quatorze Points, un programme qui définit les bases de la paix.

3 mars - La Russie signe le traité de Brest-Litovsk.

21 mars - L'Allemagne lance la première de ses trois dernières offensives sur le front occidental (de l'Ouest).

28 mars - * Des émeutes contre la conscription éclatent dans la ville de Québec.

Avril - * On attribue à A. Roy Brown l'exploit d'avoir abattu le « Baron rouge », Manfred Freiherr von Richthofen.

Mai - * La Loi ayant pour objet de conférer le suffrage aux femmes permet aux femmes de voter aux élections fédérales, au Canada.

Août - novembre

*Le Corps canadien prend la tête des armées alliées, lors de l'offensive finale de la guerre.

11 novembre - * L'armistice signé par l'Allemagne met fin à la Première Guerre mondiale.

N'oublions pas

Activité de lecture 2

Lis la fiche d'information intitulée « La Première Guerre mondiale ».

Réponds aux questions ci-dessous, au moyen de phrases complètes.

1. Quel événement a été l'élément déclencheur de la Première Guerre mondiale?

   _____

   _____

2. a) Pourquoi a-t-on appelé les Balkans « le baril de poudre de l'Europe »?

   _____

   _____

   b) On dit qu'encore aujourd'hui, cette région est un « baril de poudre ». Pourquoi?

   _____

   _____

3. Le 4 août 1914, la Grande-Bretagne a déclaré la guerre à l'Allemagne. Pourquoi le Canada a-t-il automatiquement été impliqué dans cette guerre?

   _____

   _____

4. Combien de soldats canadiens ont été envoyés en Angleterre?

   _____

5. Quel type d'arme a été utilisé au cours de la deuxième bataille d'Ypres?

   _____

6. Quelle bataille a été la plus importante pour les troupes canadiennes?

   _____

7. Quel Canadien a reçu la Croix de Victoria?

   _____

8. Que veut dire le mot « conscription »?

   _____

   _____

9. Laquelle des provinces canadiennes s'est élevée contre la conscription?

   _____

N'oublions pas

Fiche d'information 3

Les conditions de bataille pendant la Première Guerre mondiale

Avant le début de la Grande Guerre, beaucoup de pays avaient commencé à constituer des armées et des marines puissantes. Plusieurs pays, dont l'Allemagne et l'Angleterre, cherchaient à faire la preuve de leur supériorité sur la mer en construisant des navires de guerre modernes, fortement armés. Les progrès de la technologie et des techniques d'industrialisation permettaient d'augmenter la puissance destructrice des forces armées. On produisait des mitrailleuses et d'autres nouvelles armes dont les tirs étaient plus précis et plus rapides. Les troupes et les fournitures voyageaient plus vite d'un endroit à l'autre, grâce aux navires à vapeur et aux trains.

La Première Guerre mondiale s'est déroulée sur terre, dans les airs et sur l'eau. C'est au cours de cette guerre que des avions ont été utilisés pour la première fois dans les combats. C'étaient des bombardiers dans lesquels prenaient place un pilote et un tireur, et qui portaient des bombes sous leurs ailes. Le char d'assaut, inventé par les Britanniques, pouvait passer au travers des fils barbelés et franchir les tranchées. De l'intérieur du char, des hommes tiraient sur l'ennemi. Les mitrailleuses au tir rapide abattaient facilement les fantassins de l'autre camp. La Première Guerre mondiale a d'ailleurs été plus meurtrière que les guerres précédentes. Le sous-marin était un navire de guerre pouvant combattre sous l'eau. Il tirait des torpilles qui frappaient les navires à la surface et les faisaient exploser.

La Première Guerre mondiale a été, en grande partie, une guerre de tranchées. Un réseau de tranchées a été creusé par chacun des camps, entre la France, la Belgique et l'Allemagne. On a appelé cette région le front occidental. Les tranchées de première ligne avaient 1,8 à 2,4 mètres de profondeur et elles étaient suffisamment larges pour que deux hommes puissent y marcher côte à côte. Des abris creusés dans les parois des tranchées permettaient aux hommes d'éviter le feu ennemi. Des fils barbelés protégeaient les tranchées des attaques surprises. Derrière les tranchées de première ligne, on aménageait des tranchées de soutien, où se trouvait l'artillerie de campagne.

La zone comprise entre les premières lignes des deux armées ennemies s'appelait « no man's land ». À certains endroits, cette zone était de 2,7 mètres de largeur, alors qu'ailleurs, elle atteignait 1,6 kilomètre. Elle était fréquemment balayée par les tirs d'artillerie, ce qui empêchait les soldats de la traverser pendant une attaque.

Pour les soldats, la vie dans les tranchées était pénible. Celles-ci étaient non seulement boueuses et inconfortables, mais elles étaient aussi imprégnées de l'odeur des cadavres et envahies par les rats. La vie des soldats était une suite de routines ennuyeuses, sauf pendant les attaques. Les hommes se relayaient pour monter la garde, réparer les tranchées, s'assurer que les fils de téléphone étaient en bon état et aller

N'oublions pas

Fiche d'information 3

Les conditions de bataille pendant la Première Guerre mondiale (suite)

chercher de la nourriture derrière la zone de combat. Le soir, ils réparaient les fils barbelés et tentaient d'obtenir des renseignements au sujet de l'ennemi.

Les soldats étaient souvent confinés aux tranchées par les tirs ennemis. Les Alliés tentaient constamment des percées dans les lignes allemandes. L'artillerie ouvrait d'abord le feu sur les tranchées de première ligne de l'ennemi. Puis les officiers ordonnaient à leurs hommes d'attaquer. Les soldats s'élançaient hors des tranchées et traversaient le no man's land à toute vitesse, chargeant à la baïonnette. Tout en lançant des grenades sur l'ennemi, ils tentaient de franchir les fils barbelés. Malheureusement, le feu de l'artillerie n'arrivait pas toujours à anéantir leur adversaire, et celui-ci se servait alors de ses mitrailleuses pour abattre les fantassins qui s'avançaient vers lui.

Les Alliés et les Allemands ont ensuite inventé de nouvelles armes, dans l'espoir de réussir à franchir les lignes ennemies. En avril 1915, au cours de la deuxième bataille d'Ypres, les Allemands ont lâché, pour la première fois, un gaz mortel causant des vomissements et la suffocation.

Par la suite, les Alliés ont aussi utilisé un gaz toxique, et le masque à gaz est devenu une pièce d'équipement essentielle dans les tranchées. Une autre nouvelle arme a été le lance-flammes, qui projetait un liquide enflammé.

N'oublions pas

Activité de lecture 3

Lis la fiche d'information intitulée « Les conditions de bataille pendant la Première Guerre mondiale ».

Complète les phrases ci-dessous avec des mots provenant de la fiche d'information.

1. L' _____ et l' _____ construisaient des navires de _____ modernes, fortement armés, afin de prouver leur _____ sur la mer.

2. Le _____ _____ a été inventé par les Britanniques. Il pouvait passer au travers des fils _____ et franchir les _____.

3. La _____ au tir rapide _____ les fantassins qui attaquaient.

4. Au cours de la Première Guerre mondiale, les _____ ont combattu à partir de _____ creusées dans le sol.

5. Entre les premières lignes des deux camps s'étendait une zone appelée _____ _____ _____ qui était souvent _____ par les tirs d'artillerie.

6. La vie dans les tranchées _____ et _____ était _____.

7. Les soldats étaient confinés dans les tranchées par les tirs _____.

8. Un _____ mortel a été lâché par les Allemands. Il causait des _____ et la _____.

9. L'ennemi s'est servi de ses _____ pour abattre beaucoup de _____ qui tentaient de franchir les fils barbelés.

10. Des _____ ont été utilisés pour la première fois dans les _____ , au cours de cette guerre.

11. Les progrès de la _____ et des techniques d' _____ ont permis aux pays d'augmenter leur puissance _____.

12. Un réseau de tranchées a été creusé entre la _____ , la _____ et l' _____.

N'oublions pas

Fiche d'information 4

Les conséquences de la Première Guerre mondiale

La Première Guerre mondiale a semé la destruction et causé un grand nombre de pertes : près de 10 millions de soldats sont morts et environ 21 millions ont été blessés. Beaucoup d'hommes ont été tués avec les nouvelles armes créées à cette époque, surtout la mitrailleuse. Ce sont l'Allemagne, la Russie et la France qui ont perdu le plus de soldats.

Un grand nombre de bâtiments importants, d'églises et de maisons ont été rasés, particulièrement en France et en Belgique. Les armées ont détruit des fermes et des villages en les traversant ou en creusant des tranchées pour leurs combats. Des usines, des ponts et des voies ferrées ont été anéantis par les bombes et les obus d'artillerie.

La guerre a coûté des millions de dollars à plusieurs pays qui, dans certains cas, ont dû emprunter de l'argent à d'autres pays plus riches. Lorsque la guerre a pris fin, les pays endettés ont mis beaucoup de temps à rembourser l'argent. Ils avaient grand besoin d'argent pour se rebâtir. Les soldats qui ont pu rentrer chez eux n'avaient plus d'emploi, parce que les usines et les commerces avaient été détruits. Les pays où des combats s'étaient déroulés ne trouvaient plus de marchés pour leurs exportations, et leur économie s'en trouvait affaiblie.

La Première Guerre mondiale a aussi changé le climat politique de certains pays. Quatre monarques ont été renversés après la guerre. Le tsar Nicolas II de Russie a été le premier à perdre son pouvoir en 1917. Le Kaiser (ou empereur) Guillaume II d'Allemagne et l'empereur Charles 1er d'Autriche-Hongrie ont été chassés de leur trône en 1918. Le sultan ottoman Mohammed VI a perdu le sien en 1922.

De nouvelles nations se sont formées. Le territoire d'Autriche-Hongrie a été divisé pour former les républiques indépendantes d'Autriche, de Hongrie et de Tchécoslovaquie. De plus, certaines parties du territoire sont passées à l'Italie, à la Pologne, à la Roumanie et à la Yougoslavie. La Russie et l'Allemagne ont rendu des territoires à la Pologne. La Finlande ainsi que l'Estonie, la Lettonie et la Lituanie (les pays baltes) ont obtenu leur indépendance de la Russie. La Première Guerre mondiale a aussi fourni aux communistes l'occasion de saisir le pouvoir en Russie.

Cette Grande Guerre a apporté d'énormes changements sociaux. La France, par exemple, a perdu beaucoup plus de jeunes hommes que tout autre pays, et sa population a chuté dans les années 1920 en raison d'un taux de natalité très bas. Des millions de personnes ont dû s'exiler au cours de la guerre et ont perdu tous leurs biens. Les gens qui sont rentrés chez eux ont retrouvé leurs maisons, leurs villages et leurs fermes en ruine. Beaucoup de gens ont choisi de refaire leur vie dans les régions urbaines plutôt que de retourner dans leurs fermes. Les femmes ont acquis de l'autonomie pendant la guerre, elles qui avaient dû occuper les emplois d'hommes partis au combat. Elles ne voulaient pas renoncer à leur indépendance. De nombreux pays leur ont accordé le droit de vote après la guerre. En Europe, les espoirs et les idéaux ont été ruinés, et les gens ont perdu leur assurance et leur optimisme à l'égard de leur mode de vie et de leur culture.

N'oublions pas

Activité de lecture 4

Lis la fiche d'information intitulée « Les conséquences de la Première Guerre mondiale ».

Trouve, dans le texte, la phrase qui confirme chacun des énoncés ci-dessous. Transcris les **cinq** premiers mots de la phrase sur la ligne, puis indique le numéro du paragraphe où elle se trouve.

1. La guerre a détruit des bâtiments et des résidences.
   _____ Paragraphe n° _____

2. Voyager dans les pays qui avaient été touchés par la guerre était difficile.
   _____ Paragraphe n° _____

3. Beaucoup de soldats ont été tués ou blessés pendant cette guerre.
   _____ Paragraphe n° _____

4. Les gens ont perdu leurs foyers et tout ce qu'ils possédaient.
   _____ Paragraphe n° _____

5. Les guerres ont été coûteuses et ont endetté certains pays.
   _____ Paragraphe n° _____

6. Des dirigeants ont perdu leur poste et leur puissance.
   _____ Paragraphe n° _____

7. Des pays ont dû céder des territoires qu'ils avaient conquis.
   _____ Paragraphe n° _____

8. Des agriculteurs sont restés dans les villes, au lieu de rentrer dans leurs fermes.
   _____ Paragraphe n° _____

9. Les femmes aimaient l'indépendance qu'elles avaient acquise pendant la guerre.
   _____ Paragraphe n° _____

10. Les Européens n'avaient plus la même attitude face à leur mode de vie.
    _____ Paragraphe n° _____

11. Certains pays sont devenus indépendants après la guerre.
    _____ Paragraphe n° _____

12. Il n'y avait pas beaucoup de travail pour les soldats qui rentraient chez eux.
    _____ Paragraphe n° _____

N'oublions pas

Fiche d'information 5

La Seconde Guerre mondiale – 1939-1945

Cinquante-neuf nations ont pris part à la Seconde Guerre mondiale. Cette guerre a tué plus de personnes, détruit plus de biens, perturbé plus de vies et eu des répercussions d'une plus grande portée que toute autre guerre dans l'Histoire. Les historiens croient que les problèmes non résolus par la Première Guerre ainsi que les traités qui ont mis fin à cette guerre ont créé de nouveaux problèmes politiques et économiques.

Des dictateurs résolus en Allemagne, en Italie et au Japon ont tiré profit de ces problèmes. Ils voulaient conquérir des territoires qui pourraient accueillir leurs populations grandissantes. Les traités signés après la Première Guerre avaient provoqué l'hostilité de pays insatisfaits comme l'Italie et le Japon, qui se sont alors juré de régler les problèmes à leur façon. D'autres pays, notamment l'Allemagne, l'Autriche, la Hongrie, la Bulgarie et la Turquie, étaient mécontents parce que les traités les avaient dépouillés de leurs armements et d'une partie de leurs territoires. De plus, ils étaient forcés de payer des dommages causés pendant la guerre.

Les économies de nombreux pays européens ont été gravement affaiblies par la Grande Guerre. D'une part, les vainqueurs devaient beaucoup d'argent aux États-Unis qui leur en avaient prêté pendant la guerre et, d'autre part, les pays vaincus avaient de la difficulté à payer aux vainqueurs les dommages causés. Beaucoup de soldats n'ont pas pu trouver d'emplois lorsqu'ils sont rentrés chez eux après la Première Guerre. Puis il y a eu la Grande Crise, qui a commencé aux États-Unis en 1929 et dont les effets ont été ressentis partout dans le monde. La reprise économique qui s'était amorcée en Europe a alors été interrompue. Le chômage, la pauvreté et le désespoir régnaient sur le continent.

Le nationalisme avait été une cause principale de la Première Guerre et, après la guerre, il s'est accentué. De nombreux Allemands se sentaient humiliés en raison de la défaite de leur pays et des conditions sévères que leur imposaient les traités de paix signés par leur gouvernement. Ils souhaitaient que leur pays soit de nouveau prospère et puissant. Ils considéraient les étrangers et les groupes minoritaires comme des êtres inférieurs. Au cours des années 1930, un grand nombre d'Allemands ont appuyé un organisme nationaliste et violent qu'on appelait le « Parti nazi ». Le nationalisme s'intensifiait aussi en Italie et au Japon.

L'agitation politique et la conjoncture économique difficile en Europe, après la Première Guerre mondiale, ont contribué à l'ascension au pouvoir de dictateurs dans plusieurs pays. Au cours des années 1920 et 1930, des dictateurs ont pris le pouvoir en Union soviétique (Russie), en Italie, en Allemagne et au Japon. Ils dirigeaient, sans se préoccuper des règlements ou des lois. Ils répandaient la terreur et faisaient appel à une police secrète pour écraser toute opposition à leur autorité. Les personnes qui s'objectaient ou résistaient étaient emprisonnées ou exécutées.

N'oublions pas

Fiche d'information 5

La Seconde Guerre mondiale – 1939-1945 (suite)

En Union soviétique (Russie), le dictateur *Joseph Staline* a pris le pouvoir en 1929. *Benito Mussolini*, dirigeant des fascistes, a pris le pouvoir en Italie, en 1922, lorsque son groupe et lui ont forcé le roi du pays à quitter son trône. Mussolini se faisait appeler le *Duce* (le Guide). En 1933, *Adolf Hitler*, le chef des nazis, a été nommé chancelier de l'Allemagne, qu'il a transformée en une dictature. On l'appelait *der Führer* (le chef ou guide). Il a décidé de ne pas tenir compte du traité de Versailles et a promis de venger la défaite que l'Allemagne avait subie lors de la Première Guerre. Hitler voulait ce qu'il considérait comme une *race supérieure* et proclamait que les Juifs et les Slaves étaient des *peuples inférieurs*. Il a mené une campagne de haine contre les Juifs et les communistes, et a promis à son peuple d'en débarrasser le pays.

Dans les années 1930, des officiers des forces armées ont occupé de plus en plus de fonctions au sein du gouvernement du Japon. Ils glorifiaient la guerre et préconisaient la formation de guerriers. En 1941, le général *Hideki Tojo* a pris la tête du gouvernement.

Le Japon, l'Italie et l'Allemagne ont envahi des pays plus faibles afin d'agrandir leurs territoires. En 1936, l'Allemagne et l'Italie ont décidé d'appuyer les politiques étrangères l'une de l'autre et ont formé l'axe *Rome-Berlin*. Lorsque le Japon s'est joint à l'alliance en 1940, elle a pris le nom d'axe *Rome-Berlin-Tokyo*. L'armée japonaise a envahi la *Mandchourie*, une région de la Chine riche en ressources minérales. Puis, en 1937, elle a déclenché une attaque massive contre la Chine. L'Italie, elle, s'est tournée vers l'*Afrique* pour assouvir son ambition de se créer un empire. En 1936, l'Éthiopie a été envahie par les troupes italiennes, qui, avec leurs mitraillettes, leurs chars d'assaut et leurs avions ont vite eu raison de l'armée éthiopienne, très mal équipée. En Allemagne, Hitler reconstituait son armée, ce qui contrevenait au traité de Versailles. En mars 1938, les troupes allemandes ont occupé l'*Autriche*, qu'ils ont unie à l'Allemagne. Puis, le 1er septembre 1939, l'Allemagne a envahi la *Pologne*, ce qui a déclenché la Seconde Guerre mondiale. La Pologne n'était pas de taille à lutter contre la nouvelle forme de combat de son adversaire, appelée *blitzkrieg* ou guerre-éclair, qui alliait vitesse et surprise. Des rangs de chars d'assaut allemands ont traversé les défenses de la Pologne et ont pu s'avancer très loin dans le pays, avant que l'armée polonaise ait eu le temps de réagir. Les bombardiers et les chasseurs allemands ont détruit les lignes de communications et pilonné les lignes de bataille.

Deux jours après l'invasion de la Pologne, soit le 3 septembre 1939, la France et l'Angleterre ont déclaré la guerre à l'Allemagne.

N'oublions pas

Fiche d'information 5

Dates importantes

Année : 1939

1er septembre - L'Allemagne envahit la Pologne, déclenchant ainsi la Seconde Guerre mondiale.

3 septembre - L'Angleterre et la France déclarent la guerre à l'Allemagne.

Année : 1940

9 avril - L'Allemagne envahit le Danemark et la Norvège.

10 mai - L'Allemagne envahit la Belgique et les Pays-Bas.

10 juin - L'Italie déclare la guerre à la France et à l'Angleterre.

22 juin - La France et l'Allemagne signent un armistice.

10 juillet - La bataille d'Angleterre débute.

Année : 1941

6 avril - L'Allemagne envahit la Grèce et la Yougoslavie.

22 juin - L'Allemagne envahit l'Union soviétique (la Russie).

8 septembre - Les troupes allemandes font un blocus de Leningrad qui va durer jusqu'en janvier 1944.

7 décembre - Le Japon bombarde la base militaire américaine à Pearl Harbor, à Hawaii.

8 décembre - Les États-Unis, l'Angleterre et le Canada déclarent la guerre au Japon.

Année : 1942

15 février - Les forces japonaises s'emparent de Singapour.

26 - 28 février - Le Japon défait les forces navales alliées, lors de la bataille de la mer de Java.

9 avril - Les troupes des États-Unis et des Philippines sont vaincues par les Japonais, dans la péninsule de Bataan.

18 avril - Les bombardiers américains frappent Tokyo, lors du raid Doolittle.

4 - 6 mai - Les Alliés repoussent une attaque japonaise, lors de la bataille de la mer de Corail.

4 - 6 juin - Les Alliés vainquent le Japon, lors de la bataille de Midway.

7 août - Les marines américains débarquent dans Guadalcanal.

25 août - Hitler ordonne à ses troupes de capturer Stalingrad.

N'oublions pas

Fiche d'information 5

Dates importantes (suite)

23 octobre - L'Angleterre attaque l'Axe à El-Alamein, en Égypte.

8 novembre - Les troupes alliées débarquent en Algérie et au Maroc.

Année : 1943

2 février - Les Allemands qui restent à Stalingrad se rendent.

13 mai - Les forces de l'Axe qui se trouvent en Afrique du Nord se rendent.

4 juillet - L'Allemagne déclenche une attaque près de Kursk, une ville soviétique.

10 juillet - Les Alliés envahissent la Sicile.

3 septembre - L'Italie se rend secrètement aux Alliés.

9 septembre - Les troupes alliées débarquent à Salerne, en Italie.

20 novembre - Les forces américaines envahissent Tarawa.

Année : 1944

6 juin - Les troupes alliées débarquent en Normandie, dans le nord de la France, lors de l'invasion du jour J.

19 - 20 juin - La force navale des États-Unis défait les Japonais, lors de la bataille de la mer des Philippines.

18 juillet - Le premier ministre du Japon, Hideki Tojo, démissionne.

20 octobre - Les Alliés commencent à débarquer dans les Philippines.

23 - 26 octobre - Les Alliés vainquent la marine japonaise, lors de la bataille du golfe de Leyte, une île des Philippines.

16 décembre - Les Allemands se vengent des troupes américaines, lors de la bataille du Bulge.

Année : 1945

16 mars - Les marines américains capturent Iwo Jima.

30 avril - Hitler se suicide à Berlin.

7 mai - À Reims, en France, l'Allemagne se rend sans condition aux Alliés, ce qui met fin à la Seconde Guerre mondiale en Europe.

N'oublions pas

Fiche d'information 5

Dates importantes (suite)

21 juin - Les forces alliées capturent Okinawa.

6 août - Les États-Unis larguent une bombe atomique sur Hiroshima.

8 août - L'Union soviétique déclare la guerre au Japon.

9 août - Les États-Unis larguent une bombe atomique sur Nagasaki.

14 août - Le Japon accepte de se rendre sans condition.

2 septembre - Les représentants du Japon signent l'accord de reddition, à bord du navire de guerre USS *Missouri*, dans la baie de Tokyo.

Les Alliés

Les **Alliés** sont les pays qui s'étaient regroupés pour combattre les pays tentant de conquérir d'autres pays, à leurs propres fins.

Les pays ci-dessous faisaient partie des Alliés :

Afrique du Sud, Angleterre, Arabie saoudite, Argentine, Australie, Belgique, Bolivie, Brésil, Canada, Chili, Chine, Costa Rica, Cuba, Tchécoslovaquie, Danemark, Égypte, El Salvador, Équateur, États-Unis, Éthiopie, France, Grèce, Guatemala, Haïti, Honduras, Inde, Iran, Iraq, Liban, Liberia, Luxembourg, Mexique, Pays-Bas, Nouvelle-Zélande, Nicaragua, Norvège, Panama, Paraguay, Pérou, Pologne, République de Mongolie, République dominicaine, Saint-Marin, Syrie, Turquie, Union soviétique (Russie), Uruguay, Venezuela, Yougoslavie

L'Axe

L'Axe comprenait les pays qui tentaient agressivement de s'emparer d'autres pays pour répondre à leurs propres besoins.

Les pays ci-dessous faisaient partie de l'Axe :

Albanie, Allemagne, Bulgarie, Finlande, Hongrie, Italie, Japon, Roumanie, Thaïlande.

N'oublions pas

Activité de lecture 5

Lis la fiche d'information intitulée « La Seconde Guerre mondiale – 1939-1945 ».

Puis **lis** attentivement les énoncés ci-dessous et indique s'ils sont **vrais** ou **faux**. Lorsque l'énoncé est faux, **indique** la bonne réponse après l'énoncé.

1. L'Allemagne, l'Italie et le Japon étaient dirigés par des hommes résolus qui voulaient conquérir des territoires pouvant accueillir leurs populations grandissantes. _____

2. La Seconde Guerre mondiale a eu les mêmes répercussions sur le monde que la Première Guerre mondiale. _____

3. Lorsque la Première Guerre a pris fin, seuls les pays vaincus avaient des dettes. _____

4. Après la Première Guerre, les pays d'Europe ont eu de la difficulté à se rebâtir et à redémarrer leur économie en même temps. _____

5. Hideki Tojo, Adolf Hitler et Benito Mussolini étaient des dictateurs ambitieux qui n'aimaient pas la façon dont leurs pays avaient été traités après la Première Guerre. _____

6. Benito Mussolini, dictateur d'Italie, voulait une « race supérieure » de gens; il prétendait que les Juifs et les Slaves étaient inférieurs et voulait en débarrasser son pays. _____

7. Le Japon, l'Italie et l'Allemagne formaient les Alliés pendant la Seconde Guerre. _____

8. L'Allemagne a utilisé une nouvelle forme de guerre appelée « blitzkrieg » lorsqu'elle a attaqué la Pologne. _____

9. L'Allemagne, le Japon et l'Italie ont déclaré la guerre à l'Angleterre et à la France en 1939. _____

10. Le Parti nazi était un organisme violent que beaucoup d'Allemands appuyaient pendant la Seconde Guerre. _____

11. Les États-Unis se sont joints aux Alliés après que le Japon a bombardé Pearl Harbor, à Hawaii, en 1941. _____

12. L'Angleterre a largué une bombe atomique sur Hiroshima et Nagasaki, au Japon, en 1945. _____

N'oublions pas

Fiche d'information 6

Les conséquences de la Seconde Guerre mondiale

La Seconde Guerre mondiale a fait plus de victimes que toute autre guerre. Environ 17 millions de militaires des forces alliées et de l'Axe ont été tués. C'est l'Union soviétique (Russie) qui a perdu le plus grand nombre de personnes.

À la fin de la guerre, un grand nombre de villes étaient en ruine, surtout en Allemagne et au Japon. Les bombardements aériens avaient détruit des maisons, des usines ainsi que des systèmes de transport et de communications. Des millions de gens affamés et sans abri erraient un peu partout en Europe et en Asie. Beaucoup de civils sont morts aussi pendant la guerre, en raison des incendies, des maladies et du manque de soins de santé. En Union soviétique (Russie), 19 millions de civils sont morts, et en Chine, 10 millions sont morts de famine.

Plus de 12 millions de personnes qui avaient perdu leurs maisons et leurs pays sont restées en Europe après la guerre. On les appelait *personnes déplacées*. Il s'agissait d'orphelins, de prisonniers de guerre, de survivants de camps de concentration ou de camps de travail nazis, et de personnes qui avaient fui les armées ennemies et les régions déchirées par la guerre. Beaucoup de ces gens s'étaient enfuis de pays d'Europe de l'Est et refusaient de retourner dans leurs terres natales qui étaient maintenant sous autorité communiste.

L'Allemagne et le Japon ont subi une défaite indéniable, tandis que l'Angleterre et la France ont été gravement affaiblies. Après la guerre, les États-Unis et l'Union soviétique (Russie) ont acquis le statut de grandes puissances mondiales. L'Union soviétique a décidé de répandre le *communisme* en Europe et en Asie, mais les États-Unis s'y s'ont opposés. La tension qui s'est installée entre les deux pays a pris le nom de *guerre froide*.

L'Union soviétique est devenue plus puissante qu'elle ne l'avait jamais été. Elle avait absorbé l'*Estonie*, la *Lettonie* et la *Lituanie* avant la fin de la guerre et avait aussi envahi des parties de la *Pologne*, de la *Roumanie*, de la *Finlande* et de la *Tchécoslovaquie*. Avec le temps, un *rideau de fer* a divisé l'Europe de l'Est et l'Europe de l'Ouest. Derrière ce rideau invisible, l'Union soviétique a aidé des gouvernements communistes à prendre le pouvoir en Bulgarie, en Tchécoslovaquie, en Hongrie, en Pologne, en Roumanie et en Corée.

La *bombe atomique* a signalé le début de l'*ère nucléaire*, et les pays se sont lancés dans une course aux armements nucléaires. Depuis ce temps, les gens vivent dans la crainte que ces armes soient utilisées un jour.

L'horreur de la Seconde Guerre mondiale a donné naissance à l'Organisation des Nations Unies, un organisme international qui travaille à promouvoir la paix. En avril 1945, 50 nations se sont réunies à San Francisco, en Californie, pour élaborer la charte des Nations Unies et la signer.

N'oublions pas

Activité de lecture 6

Lis la fiche d'information intitulée « Les conséquences de la Seconde Guerre mondiale ».

Réponds aux questions en quelques mots, en te servant des renseignements fournis dans la fiche d'information.

1. Combien de militaires ont été tués pendant la Seconde Guerre mondiale?
    _____

2. Dans quel pays y a-t-il eu le plus grand nombre de victimes? _____

3. Pourquoi les villes allemandes et japonaises étaient-elles en ruine? _____
    _____

4. Comment appelait-on les orphelins, les prisonniers de guerre et les survivants des camps de concentration nazis? _____

5. Comment s'est terminée la guerre pour l'Allemagne et le Japon?
    _____

6. Deux pays sont devenus de grandes puissances. Lesquels?
    _____

7. Quel type de gouvernement a acquis plus de pouvoir après la guerre?
    _____

8. Qu'est-ce qui a divisé l'Europe de l'Est et l'Europe de l'Ouest?_____
    _____

9. À quel organisme de paix la Seconde Guerre a-t-elle donné naissance?
    _____

10. Qu'est-ce que la « guerre froide »? _____
    _____

11. Dans quelle situation se trouvaient beaucoup d'Européens après la guerre?
    _____

N'oublions pas

Fiche d'information 7

Le Monument commémoratif de guerre

Le Monument commémoratif de guerre s'élève sur la place de la Confédération, à Ottawa, la capitale du Canada. Ce monument exprime la dignité, la fierté, le courage, l'amitié et l'abnégation. Il a été érigé pour rendre hommage aux 600 000 Canadiens et Canadiennes qui ont servi notre pays et sont morts pour lui, pendant la Première Guerre mondiale. Quelques mois après son inauguration, en 1939, la Seconde Guerre mondiale a débuté. Aujourd'hui, le monument symbolise aussi le sacrifice de 1,7 million de soldats qui ont donné leur vie en temps de guerre pour défendre notre pays et sa liberté.

Au sommet de l'énorme arche de pierre, deux statues de bronze représentent la paix et la liberté. Pendant la journée, sous le ciel bleu et clair, ces figures ont l'air triomphantes et libres, mais la nuit, elles paraissent distantes et nous rappellent que la paix et la liberté ne doivent pas être prises à la légère. Ce sont des cadeaux précieux qu'on ne mérite qu'au prix de grands efforts.

Sous l'arche du monument se dressent 22 personnages de bronze. Ils symbolisent les hommes et les femmes qui ont répondu généreusement à l'appel de leur pays. Les personnages, dont les visages reflètent la détermination et l'espoir, marchent sous l'arche, comme s'ils se dirigeaient vers la victoire. La façon dont ils sont regroupés suggère un but commun et une grande amitié.

Le Monument commémoratif de guerre

N'oublions pas

Activité de lecture 7

Lis la fiche d'information intitulée « Le Monument commémoratif de guerre ».

Cherche dans un dictionnaire la signification des mots ci-dessous. Puis **transcris** la définition sur la ligne à côté de chaque mot.

1. dignité : _____
   _____

2. fierté : _____
   _____

3. courage : _____
   _____

4. amitié : _____
   _____

5. abnégation : _____
   _____

6. inauguration : _____
   _____

7. symboliser : _____
   _____

8. sacrifice : _____
   _____

9. arche : _____
   _____

10. détermination : _____
    _____

N'oublions pas

Fiche d'information 8

Cérémonie nationale du jour du Souvenir

La Première Guerre mondiale a pris fin à 11 heures, le 11 novembre 1918, c'est-à-dire à la onzième heure du onzième jour du onzième mois. Les pays ont alors signé un armistice. Ce mot vient de mots latins signifiant « armes » et « arrêter ». Il s'agit d'un document par lequel les adversaires acceptent de cesser les hostilités.

Au Canada, pendant de nombreuses années, le *jour du Souvenir* a été appelé *jour de l'Armistice*. Puis, en 1933, le Parlement canadien a adopté une loi selon laquelle l'anniversaire de l'Armistice serait désormais célébré le 11 novembre, qui allait prendre le nom de *jour du Souvenir*. Après la Seconde Guerre mondiale, cette date en est venue à rappeler le sacrifice des femmes et des hommes morts au cours des deux guerres. Beaucoup de vétérans de la Seconde Guerre mondiale prennent encore part aux défilés du jour du Souvenir, mais très peu des vétérans de la Première Guerre sont toujours vivants.

Le 11 novembre, dans les églises, les lieux de travail, les écoles et devant les monuments commémoratifs de guerre, partout dans le monde, des gens prennent part à des cérémonies célébrées à la mémoire de ceux et celles qui sont morts ou ont combattu pendant une guerre.

Une cérémonie officielle a lieu, le matin, au Monument commémoratif de guerre qui s'élève sur la place de la Confédération, à Ottawa. Des gens de partout au pays peuvent suivre la cérémonie à la radio ou à la télévision. Des vétérans et des représentants des forces armées défilent autour du monument, pendant que des fanfares jouent et que des chœurs chantent des hymnes. Lorsque l'horloge de la tour de la Paix sonne 11 heures, le clairon entonne la sonnerie aux morts et les porte-étendards abaissent lentement leurs drapeaux.

Puis on tire un coup de feu pour signaler le début du silence de deux minutes. Lorsque celui-ci prend fin, le clairon joue le réveil. Les drapeaux s'élèvent, les fanfares se remettent à jouer et des couronnes de fleurs sont placées au pied du monument. La cérémonie prend fin avec l'hymne national.

N'oublions pas

Activité de lecture 8

Lis la fiche d'information intitulée « Cérémonie nationale du jour du Souvenir ».

Fais les activités ci-dessous.

a) On est le 11 novembre et tu assistes à la cérémonie du jour du Souvenir, au Monument commémoratif de guerre.

Imagine comment serait cette cérémonie, puis illustre la scène ci-dessous.

b) La cérémonie fait naître divers sentiments dans le cœur des personnes qui y prennent part ou y assistent.

Dresse une liste des sentiments que pourraient éprouver ces personnes.

_____
_____
_____
_____
_____
_____
_____
_____
_____

N'oublions pas

Fiche d'information 9

Deux minutes de silence

Le jour du Souvenir, le moment le plus émouvant et le plus significatif est sans aucun doute celui où nous cessons nos activités, inclinons notre tête et nous rappelons ceux et celles qui ont fait l'ultime sacrifice, en combattant la tyrannie et l'oppression et en défendant la liberté et la dignité. Pendant ce court moment, que ce soit dans une école, dans une église, dans une usine, dans un bureau ou au pied d'un cénotaphe, nous rendons hommage à ces hommes et ces femmes qui, avec beaucoup de courage, ont donné leur vie au service de leur pays. Durant ces quelques instants, les activités cessent, le bruit de la circulation diminue, le rythme de la ville ralentit et les voix se taisent.

Cette période de silence a été suggérée par un homme d'État sud-africain, sir James Fitzpatrick, après la Première Guerre mondiale. Dans sa jeunesse, James Fitzpatrick avait passé quelque temps dans les mines d'or du Witwatersrand, en Afrique du Sud. Cela avait été, pour lui, une période pleine d'aventures et d'émotions. Par la suite, il a vécu dans sa ferme, un milieu beaucoup plus paisible. James Fitzpatrick aimait beaucoup les immenses plaines découvertes de sa terre natale et s'y promenait souvent. Le silence qui y régnait était propice à la réflexion. C'est là qu'il a eu l'idée de l'un des meilleurs hommages qu'on puisse rendre à des camarades tombés au combat : se tenir debout en silence et penser à ceux et celles qui se sont sacrifiés, au nom de la liberté.

N'oublions pas

Activité de lecture 9

Lis la fiche d'information intitulée « Deux minutes de silence ».

Les mots ci-dessous sont utilisés dans le texte. **Associe** chacun des mots à sa définition. Tu peux te servir du dictionnaire, en cas de besoin.

réflexion	oppression	émouvant	liberté	dignité	sacrifice
courage	souvenir	cénotaphe	tyrannie	significatif	hommage

1. _____ - le fait de renoncer à quelque chose, de se priver volontairement

2. _____ - un pouvoir absolu, injuste et cruel

3. _____ - un témoignage de respect, de reconnaissance

4. _____ - le fait de soumettre des gens à une autorité injuste et excessive

5. _____ - l'état d'une personne qui n'est pas sous la dépendance d'une autre personne

6. _____ - bravoure, intrépidité

7. _____ - le fait de penser longuement à quelque chose

8. _____ - un monument érigé à la mémoire de personnes qui sont enterrées ailleurs

9. _____ - le respect que mérite quelqu'un

10. _____ - l'image qu'on garde en tête de quelqu'un ou de quelque chose

11. _____ - qui fait naître des émotions

12. _____ - qui signifie nettement quelque chose

N'oublions pas

Fiche d'information 10

La fleur du Souvenir

Le jour du Souvenir, beaucoup de gens portent un coquelicot, une reproduction de la fleur rouge vif qui a poussé dans les champs de bataille de la France et de la Belgique, où tant de Canadiens ont perdu la vie. Au cours de la Première Guerre mondiale, les combats se sont déroulés, en grande partie, dans une région appelée « Flandres ». À chaque printemps, les soldats dans les tranchées voyaient des coquelicots pousser, là où beaucoup de leurs camarades étaient enterrés.

Lorsque la guerre a pris fin et que les soldats sont rentrés chez eux, ils n'ont pas oublié leurs compagnons enterrés dans les Flandres. Et lorsqu'ils ont pensé aux tombes de ces hommes, ils se sont souvenus des coquelicots qui y poussaient. Ils se sont dit qu'ils devraient en porter un, en souvenir de leurs amis.

La Première Guerre mondiale a pris fin le 11 novembre 1918. Les hommes qui avaient pris part aux combats ont choisi cette date pour porter, chaque année, un coquelicot. Les gens qui n'étaient pas allés à la guerre, mais qui y avaient perdu des êtres chers, se sont aussi mis à porter un coquelicot pour montrer qu'ils se souvenaient des soldats morts.

Il était difficile de se procurer de vrais coquelicots et il n'y en avait pas suffisamment pour tout le monde. Des hommes qui avaient été gravement blessés au cours de la guerre et qui ne pouvaient pas occuper d'autres emplois ont donc commencé à fabriquer des coquelicots avec du tissu. Les premiers coquelicots en tissu avaient des pétales rouges et un centre noir, comme la vraie fleur.

Pendant de nombreuses années, des enfants se sont tenus en silence près de leurs parents, lors des cérémonies du jour du Souvenir. Tous portaient un coquelicot et pensaient à ceux et celles qui avaient péri pendant la Première Guerre mondiale. Quand ces enfants ont grandi, il y a eu une seconde guerre. Les garçons, qui étaient devenus de jeunes hommes, sont allés combattre. Beaucoup d'entre eux ont été envoyés aux endroits où étaient tombés les soldats pour lesquels ils s'étaient recueillis dans leur enfance. Et beaucoup de ces jeunes hommes sont morts, à leur tour, dans ces mêmes endroits.

Lorsque la Seconde Guerre mondiale a pris fin, un plus grand nombre de gens ont voulu aussi porter un coquelicot pour rendre hommage aux soldats, marins et aviateurs qui avaient péri, afin de garantir la liberté des gens de leur pays ainsi que des générations futures.

N'oublions pas

Fiche d'information 10

La fleur du Souvenir (suite)

Chaque année, le 11 novembre, partout au Canada, on place des couronnes faites de coquelicots, entrelacés de feuilles de chênes et d'érables, au pied de monuments commémoratifs. À Ottawa, la couronne est posée près du Monument commémoratif de guerre par une mère qui a été choisie pour représenter toutes les mères d'hommes et de femmes qui ont perdu la vie pendant leur service militaire.

Les hommes et les femmes qui sont morts pendant la guerre voulaient que nous puissions vivre en paix, que nous soyons en sécurité et que nous puissions aller à l'école et à l'église de notre choix.

Le jour du Souvenir, quand nous portons un coquelicot et que nous nous tenons debout, immobiles, nous disons un grand merci à toutes ces personnes qui sont mortes pour nous et pour notre pays.

N'oublions pas

Activité de lecture 10

Lis la fiche d'information intitulée « La fleur du Souvenir ».

Réponds à chaque question, au moyen d'une phrase complète.

1. Pourquoi portons-nous une fleur appelée coquelicot, le jour du Souvenir?

   _____

   _____

   _____

2. Après laquelle des guerres le coquelicot a-t-il été choisi comme symbole du jour du Souvenir?

   _____

   _____

3. Pourquoi a-t-on choisi le 11 novembre pour le jour du Souvenir?

   _____

   _____

4. Décris les premiers coquelicots qui ont été fabriqués.

   _____

   _____

5. Décris les coquelicots que les gens portent aujourd'hui.

   _____

   _____

6. Qui a fabriqué les premiers coquelicots en tissu? Pourquoi l'ont-ils fait?

   _____

   _____

7. Comment les mères d'hommes et de femmes morts au combat rendent-elles hommage à leurs enfants, le jour du Souvenir, à Ottawa?

   _____

   _____

8. À ton avis, que ressent la femme qui est choisie, chaque année, pour représenter toutes les mères du Canada?

   _____

   _____

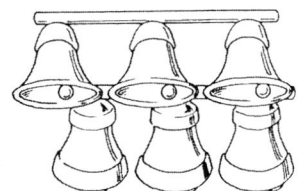

N'oublions pas

Fiche d'information 11

La tour de la Paix

La *tour de la Paix* a été construite pour rendre hommage aux 66 657 soldats canadiens qui ont sacrifié leur vie pour la paix, au cours de la Première Guerre mondiale. La tour, qui se dresse majestueusement sur la Colline du Parlement, est reconnue comme l'une des plus belles structures de style gothique au monde. Il s'agit, sans aucun doute, de l'endroit le plus admiré et le plus vénéré sur la Colline. À l'intérieur, on y trouve la Chapelle du Souvenir, les Livres du Souvenir ainsi qu'un carillon. La tour de la Paix mesure 90,6 mètres de haut et comprend, à son sommet, une aire d'observation de laquelle on peut observer les environs, et une horloge à quatre faces qui mesurent, chacune, 4,8 mètres de diamètre.

Le *carillon* compte 53 cloches de différentes grosseurs. La plus grosse pèse 10 080 kilogrammes, et la plus petite pèse 4,5 kilogrammes. Ce magnifique instrument est actionné au moyen d'un clavier en bois confectionné à la manière de carillons flamands vieux de 300 ans. Des musiciens viennent de partout dans le monde pour étudier ce carillon merveilleusement bien accordé.

La *Chapelle du Souvenir* est dédiée aux Canadiens et Canadiennes qui ont pris part à la Première Guerre mondiale. Elle a été inaugurée le 11 novembre 1928 par le premier ministre de l'époque, William Lyon Mackenzie King. Les murs et les colonnes sont recouverts de pierres données en cadeau par la France. La bordure de marbre noir et les marches menant à l'autel sont un cadeau du peuple belge. Le plancher est fait de pierres provenant des diverses régions où les soldats canadiens ont combattu. Des pavés de laiton indiquent les principales batailles auxquelles le Canada a pris part, notamment Ypres, le mont Sorrel, la Somme, la crête de Vimy, la colline 70, Passchendaele, Amiens, Arras, Cambrai, Valenciennes, Mons.

Des niches sur les murs enchâssent des plaques de marbre sculpté, dont quelques-unes qui racontent les batailles des Canadiens pendant la guerre qui devait mettre fin à toutes les guerres. Ces plaques illustrent les sacrifices et les exploits des Forces armées canadiennes, de 1914 à 1918.

Dans la Chapelle se trouve l'*Autel du Souvenir*. Sur l'autel est posé un *Livre du Souvenir*, dans un cadre d'or décoré des Armoiries royales et des armoiries du Canada. Le Livre contient le nom des hommes et des femmes qui sont morts au cours de la Première Guerre mondiale, au service du pays. Les pages du Livre du Souvenir sont tournées selon un calendrier, de façon que chacune soit montrée au moins une fois chaque année.

La Chapelle du Souvenir abrite aussi des Livres du Souvenir pour la Seconde Guerre mondiale, la guerre de Corée ainsi que la guerre de l'Afrique du Sud et du Nil.

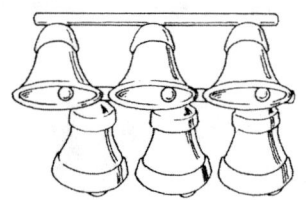

N'oublions pas

Activité de lecture 11

Lis la fiche d'information intitulée « La tour de la Paix ».

Réponds à chaque question, au moyen d'une phrase complète.

1. Qu'est-ce que la tour de la Paix?

   _____

   _____

2. Pourquoi est-elle célèbre?

   _____

   _____

3. Que contient la tour de la Paix?

   _____

   _____

   _____

4. De combien de cloches se compose le carillon?

   _____

   _____

5. Comment s'appelle la pièce spéciale, dans la tour de la Paix?

   _____

   _____

6. Énumère les choses qu'on peut voir dans la Chapelle du Souvenir.

   _____

   _____

   _____

   _____

7. Que trouve-t-on dans les Livres du Souvenir?

   _____

   _____

8. À ton avis, pourquoi est-il important de se souvenir des hommes et des femmes qui sont morts dans les guerres?

   _____

   _____

   _____

   _____

N'oublions pas

Fiche d'information 12

Des héros de guerre canadiens

Au cours des deux guerres mondiales, beaucoup de Canadiens ont pris part aux combats, et un grand nombre d'entre eux sont morts pour défendre leur pays. Plusieurs de ces Canadiens ont posé des gestes héroïques et accompli des exploits remarquables. Voici les histoires de certains des héros de guerre canadiens.

Joseph Kaeble

Le caporal Joseph Kaeble est né le 5 mai 1892 à Saint-Moïse, au Québec. Lorsque la Première Guerre mondiale a débuté, Joseph était mécanicien, dans une scierie. Il s'est enrôlé dans l'armée en 1916 et a été envoyé au 22e bataillon, le seul bataillon canadien français à participer aux combats en Europe.

Joseph a participé à la célèbre offensive contre la crête de Vimy, puis a pris part à la bataille de la colline 70 et à celle de Passchendaele, comme mitrailleur. Il a ensuite été promu caporal.

Le 8 juin 1918, près d'Arras, en France, Joseph était responsable d'une section de mitrailleuses qui défendait un poste dans les tranchées. Au cours d'une attaque de l'ennemi, toute sa section, moins un homme, a subi des blessures. Lorsque 50 Allemands ont de nouveau attaqué, Joseph Kaeble a sauté par-dessus le parapet, puis, sa mitrailleuse Lewis sur la hanche, a tiré chargeur après chargeur sur l'ennemi. Malgré plusieurs blessures causées par des fragments d'obus et de bombes, il a continué ses tirs et, grâce à sa détermination, a arrêté l'offensive ennemie. Mortellement blessé, il est tombé sur le dos dans la tranchée, mais a quand même tiré ses dernières cartouches vers les Allemands qui battaient en retraite. Il est mort de ses blessures le lendemain soir.

Décoré de la médaille militaire en raison de sa bravoure exceptionnelle et de son profond attachement au devoir, il a aussi reçu la Croix de Victoria. Il a été le premier militaire canadien français à recevoir cet honneur. Son nom a, plus tard, été donné à des rues, des bâtiments et même à un mont au Québec.

Paul Triquet

Le capitaine Paul Triquet est né à Cabano, au Québec, en 1910. Il avait à peine 17 ans quand il s'est enrôlé dans la Force permanente de l'armée canadienne.

Lors de la bataille historique du hameau de Casa Berardi, en Italie, on avait donné pour mission à la compagnie qu'il dirigeait de traverser un ravin et de s'emparer de Casa Berardi. Lorsque les hommes, appuyés d'un escadron de régiment blindé, se sont avancés, ils ont essuyé des tirs de mitrailleuses et de mortiers.

N'oublions pas

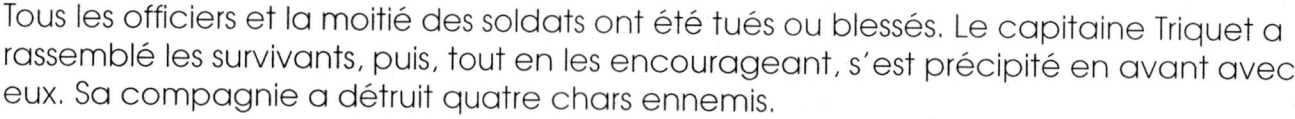

Fiche d'information 12

Des héros de guerre canadiens (suite)

Tous les officiers et la moitié des soldats ont été tués ou blessés. Le capitaine Triquet a rassemblé les survivants, puis, tout en les encourageant, s'est précipité en avant avec eux. Sa compagnie a détruit quatre chars ennemis.

Le capitaine Triquet et ses hommes ont continué à avancer jusqu'aux abords de Casa Berardi. Il ne restait plus que deux sergents, 15 soldats et quelques chars d'assaut. Plaçant ses hommes autour des chars d'assaut, le capitaine Triquet a fait circuler le mot d'ordre : « Ils ne passeront pas. » Lorsque les Allemands ont contre-attaqué, le capitaine Triquet a abattu plusieurs soldats ennemis, tout en dirigeant les opérations. Sa compagnie a pu repousser plusieurs attaques et tenir bon jusqu'à ce que le reste du bataillon lui vienne en aide le lendemain et s'empare de Casa Berardi.

Le courage dont le capitaine Triquet a fait preuve ce jour-là lui a valu la Croix de Victoria. La France lui a aussi décerné une décoration, celle de Chevalier de la Légion d'honneur, pour ce même exploit. Il a quitté l'armée active en 1947, mais s'est joint à l'armée de réserve en 1951. Il est mort le 8 août 1980, à l'âge de 70 ans.

Billy Bishop

Billy Bishop est né à Owen Sound, en Ontario, en 1894. L'un des plus grands pilotes de chasse de la Première Guerre mondiale, il a abattu 72 avions allemands.

En plus de faire des vols en formation, Billy, qui était toujours prêt à prendre des risques, partait souvent en solitaire. Il volait loin derrière les lignes ennemies et effectuait des raids surprises sur les aérodromes allemands. On lui a décerné la Croix de Victoria ainsi que beaucoup d'autres médailles pour sa bravoure et ses exploits incroyables.

Après la guerre, il a épousé Margaret Burden, petite-fille de Timothy Eaton, et est devenu un homme d'affaires prospère. Il a exploité, pendant quelque temps, une petite entreprise d'aviation commerciale avec un associé, Billy Barker, lui aussi un héros de la guerre. Plus tard, Billy a occupé un poste de direction dans une compagnie pétrolière. Pendant la Seconde Guerre mondiale, il a été maréchal de l'Air, à titre honoraire. Il avait pour fonction de recruter de jeunes hommes pour faire partie de la force aérienne. Il a beaucoup aidé à promouvoir l'effort de guerre.

Jean Brillant

Le lieutenant Jean Brillant est né le 15 mars 1890 à Assemetquagan, au Québec. Il s'est joint au 22e bataillon, en France, en 1916.

Jean s'est illustré à deux reprises pendant la guerre. La première fois, c'était dans la nuit du 27 au 28 mai 1918, lors d'une attaque contre un poste défendu par deux mitrailleuses et 50 hommes. Malgré les tirs nourris, il s'est avancé vers les lignes

N'oublions pas

Fiche d'information 12

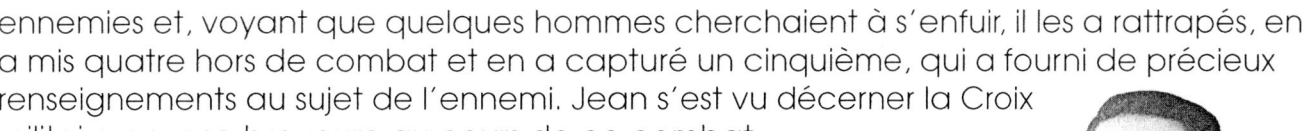

Des héros de guerre canadiens (suite)

ennemies et, voyant que quelques hommes cherchaient à s'enfuir, il les a rattrapés, en a mis quatre hors de combat et en a capturé un cinquième, qui a fourni de précieux renseignements au sujet de l'ennemi. Jean s'est vu décerner la Croix militaire pour sa bravoure au cours de ce combat.

Le 8 août 1918, au cours de la bataille d'Amiens, en France, il s'est rué seul sur une mitrailleuse et a tué deux mitrailleurs. Le lendemain, malgré une blessure au bras, il a aidé à capturer 15 mitrailleuses et fait 150 prisonniers, au cours d'un combat à la baïonnette et à la grenade. Cette fois, il a été blessé à la tête, mais il a insisté pour mener une charge contre un canon qui tirait sur son unité. Atteint au ventre par des éclats d'obus, il a continué à avancer, mais s'est finalement écroulé. Il est mort le 10 août, à l'âge de 28 ans.

Pour sa bravoure exceptionnelle et son zèle infatigable dans l'accomplissement de son devoir, on lui a décerné la Croix de Victoria le 27 septembre 1918, à titre posthume.

Arthur Roy Brown

Arthur Roy Brown est né à Carleton Place, en Ontario, en 1893. Il a été pilote de chasse au cours de la Première Guerre mondiale. On a d'abord cru que c'était lui qui avait réussi à abattre l'un des plus grands as de l'air, Manfred von Richthofen, qu'on appelait « Baron rouge ».

Ce jour-là, un jeune pilote canadien inexpérimenté, prénommé Wilfrid « Wop » May, en était à son troisième vol de patrouille. Le Baron rouge s'est lancé à sa poursuite. Voyant ce qui se passait, Arthur s'est mis à tirer sur l'avion du pilote allemand. Ce dernier a alors amorcé un virage qui l'a placé dans la ligne de tir d'artilleurs australiens qui se trouvaient au sol. Ils ont, eux aussi, touché l'avion du Baron rouge. Pendant longtemps, la question de savoir qui avait abattu le pilote allemand a soulevé la controverse. Arthur Roy Brown était certain de l'avoir fait, mais aujourd'hui, on croit plutôt que c'est la balle d'un des artilleurs australiens qui l'aurait tué.

Au cours de la guerre, Arthur, qui souffrait d'épuisement au combat, s'est évanoui aux commandes de son avion, qui s'est écrasé. Contre toute attente, le jeune pilote a survécu à cet accident. Après la guerre, il a été l'un des pionniers de l'aviation de brousse, dans le Grand Nord canadien.

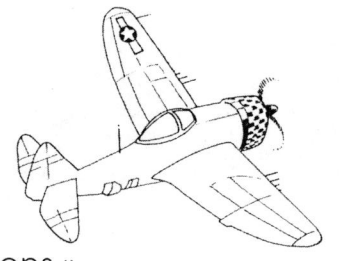

N'oublions pas

Activité de lecture 12

Lis la fiche d'information intitulée « Des héros de guerre canadiens ».

Ensuite, lis chacun des énoncés ci-dessous. Lequel des héros de guerre canadiens décrit-il?

Indique le nom du héros sur la ligne au début de l'énoncé.

Billy Bishop	Jean Brillant	Joseph Kaeble	A. Roy Brown	Paul Triquet

1. _____ croyait avoir tué le célèbre as de l'air, Manfred von Richthofen.

2. _____ a perdu la vie après avoir mené une charge contre un canon qui tirait sur son unité.

3. _____ avait 17 ans quand il s'est enrôlé dans les forces armées canadiennes.

4. _____ a abattu 72 avions allemands, au cours de la Première Guerre mondiale.

5. _____ a encouragé sa compagnie à repousser une attaque allemande et à tenir bon jusqu'à l'arrivée des renforts qui se sont emparés de Casa Berardi.

6. _____ , qui souffrait d'épuisement au combat, s'est évanoui au cours d'un vol et s'est écrasé au sol.

7. _____ était toujours prêt à prendre des risques et volait derrière les lignes ennemies.

8. _____ a réussi à arrêter l'offensive ennemie, malgré ses nombreuses blessures causées par des éclats d'obus et de mortiers.

9. _____ et Billy Barker sont devenus associés dans une entreprise d'aviation commerciale, après la Première Guerre mondiale.

10. _____ a tiré sur l'ennemi avec sa mitrailleuse Lewis sur la hanche.

11. _____ est né à Cabano, au Québec, en 1910.

12. _____ a reçu la Croix de Victoria le 27 septembre 1918, pour sa bravoure exceptionnelle.

N'oublions pas

Fiche d'information 13

John McCrae

John McCrae est né en 1872, à Guelph, en Ontario. Il était le plus jeune de deux frères. Son père, le lieutenant-colonel David McCrae, qui commandait une unité d'artillerie de l'Ontario, était propriétaire d'une filature de laine de Guelph.

Après avoir fréquenté l'Université de Toronto, John McCrae est devenu médecin. Il aimait écrire des poèmes, et d'ailleurs, pendant ses études, plusieurs d'entre eux ont été publiés dans des magazines et des journaux.

En 1899, il s'est enrôlé comme lieutenant dans l'Artillerie canadienne de campagne qui allait prendre part à la guerre des Boers, en Afrique du Sud. À la fin de cette guerre, il est retourné à son travail de médecin et à ses poèmes.

Au début de la Première Guerre mondiale, il a été nommé chirurgien au sein de la première brigade de l'Artillerie royale canadienne, avec le grade de major. Au printemps de 1915, il était cantonné dans les Flandres. Son poste médical se trouvait sur les rives du canal d'Ypres, près du village du même nom.

Le 2 mai 1915, au cours de la deuxième bataille d'Ypres, l'un des meilleurs amis de John, Alexis Helmer, a été tué. Le lendemain matin, un autre des amis de John, le sergent-major Allinson, a vu le jeune médecin assis sur le marchepied d'une ambulance, en train d'écrire. Son visage était calme, mais il semblait fatigué et tournait souvent les yeux vers la tombe d'Alexis Helmer. Le poème qu'a écrit John ce jour-là était une description exacte de la scène qui se déroulait devant lui. Des alouettes volaient vraiment au-dessus de sa tête, pendant que des obusiers sifflaient au front. Des coquelicots, qui poussaient entre les croix, étaient agités par la brise. John a intitulé son poème « In Flanders Fields » (en français, « Au champ d'honneur »). Ce poème l'a rendu célèbre partout dans le monde.

John est mort pendant la guerre, mais pas sous le feu de l'ennemi. Les deux guerres auxquelles il avait pris part avaient épuisé sa santé, et il est mort des suites d'une pneumonie et d'une méningite, le 28 janvier 1918.

Ses uniformes et ses effets personnels ont été perdus lorsque le navire qui les transportait a été torpillé. Cependant, beaucoup de ses lettres, de coupures de journaux et de souvenirs se trouvent encore dans sa maison, à Guelph, en Ontario. Celle-ci est aujourd'hui une attraction touristique.

N'oublions pas

Activité de lecture 13

Lis la fiche d'information intitulée « John McCrae ».

Cherche son poème « Au champ d'honneur » dans un livre de poésie ou sur Internet. Lis-le attentivement, en essayant d'imaginer ce que voyait John McCrae en l'écrivant.

Reproduis le poème, de ta meilleure écriture.

Puis **illustre** la scène que, selon toi, John McCrae avait sous les yeux, ce jour-là.

_____

_____

_____

_____

_____

_____

_____

_____

_____

_____

N'oublions pas

Étude des mots 1

Mots croisés

Inscris, dans les cases, les mots correspondant aux définitions.
Lis attentivement les définitions données.

N'oublions pas

Indices des mots croisés

Horizontal

1. une nouvelle forme de combat dont s'est servie l'Allemagne contre la Pologne
6. le dirigeant de l'Allemagne, pendant la Seconde Guerre mondiale
10. le nom donné au jour de l'invasion des plages de la Normandie
11. une région où se sont déroulés la plupart des combats de la Première Guerre mondiale
14. on les élève sur les tombes des soldats morts
15. elle est faite de coquelicots entrelacés de feuilles et est déposée au pied de monuments
16. un autre nom pour un monument élevé à la mémoire des morts
18. le premier ministre de l'Angleterre pendant la Seconde Guerre mondiale
19. le médecin qui a composé le poème « Au champ d'honneur »

Vertical

1. un pilote de chasse célèbre, pendant la Première Guerre mondiale
2. un véhicule blindé muni d'un canon
3. un nom donné aux pilotes japonais qui écrasaient leur avion sur des navires
4. un instrument de musique sur lequel on joue la sonnerie aux morts
5. une fleur qui poussait sur les tombes des soldats
7. un port d'Hawaii bombardé par les Japonais, en décembre 1941
8. un soldat d'infanterie
9. le nom donné au pilote de chasse allemand Manfred von Richthofen
12. on en garde un de deux minutes, le jour du Souvenir
13. le pays sur lequel deux bombes atomiques ont été larguées pour mettre fin à la guerre
17. un document signé par des pays en guerre pour mettre fin aux hostilités

Réponses

tank	Pearl Harbor	coquelicot	cénotaphe
Japon	jour J	fantassin	John McCrae
silence	couronne	croix	blitzkrieg
Flandres	kamikaze	Adolf Hitler	clairon
Winston Churchill	Billy Bishop	armistice	Baron rouge

N'oublions pas

Étude des mots 2

Mots cachés

Encercle, dans la grille ci-dessous, tous les mots donnés au bas de la page.

Ils se rapportent tous au jour du Souvenir. Il y a **20** mots. Peux-tu les trouver tous?

J'ai trouvé _____ mots.

```
Z  J  Y  B  L  M  T  Q  H  M  O  N  U  M  E  N  T
C  O  U  R  O  N  N  E  A  V  D  O  S  P  C  I  K
N  B  Z  D  D  H  R  H  X  I  O  R  C  K  V  L  Y
J  R  T  U  B  O  P  P  J  S  W  I  I  C  X  Y  O
M  A  K  H  S  V  T  X  Q  I  O  A  T  O  Z  W  N
J  V  Y  C  D  A  U  W  J  L  E  L  X  M  Q  K  O
J  O  H  N  M  C  C  R  A  E  K  C  D  B  T  I  V
M  U  S  X  Z  Q  F  H  W  N  G  L  A  A  K  F  E
C  R  I  O  V  E  D  W  J  C  K  L  Z  T  T  Q  M
E  E  Y  P  U  Z  Q  F  X  E  J  B  D  T  O  E  B
N  X  Q  K  J  V  Y  L  R  H  R  V  T  A  N  E  R
O  E  N  Z  X  S  E  A  J  P  T  R  D  N  C  H  E
T  V  A  T  E  K  L  N  D  Q  O  Y  E  T  N  C  X
A  V  Z  G  Q  J  X  D  I  M  K  R  S  U  W  N  Z
P  L  O  T  G  H  Z  R  Q  R  N  N  J  P  G  A  K
H  L  P  C  O  Q  U  E  L  I  C  O  T  X  M  R  E
E  U  G  H  Z  J  L  S  C  B  V  W  I  I  D  T  O
```

Cherche les mots ci-dessous dans la grille :

silence	clairon	souvenir	couronne
bravoure	devoir	croix	novembre
soldat	John McCrae	coquelicot	éloges
guerre	Flandres	tranchée	combattant
mort	monument	cénotaphe	héros

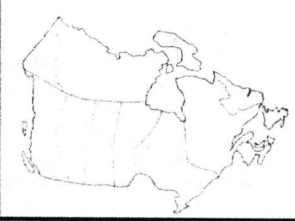 # N'oublions pas

Étude des mots 3

Les syllabes

Les mots ci-dessous sont les noms de pays et de villes qui ont été touchés par les deux guerres mondiales.

Récris le nom sur la ligne en le divisant en syllabes.

Exemple : Angleterre – An / gle / ter / re

1. Normandie _____

2. Dunkerque _____

3. Japan _____

4. Italie _____

5. Nagasaki _____

6. Belgique _____

7. Allemagne _____

8. Sicile _____

9. Berlin _____

10. Londres _____

11. Paris _____

12. Suisse _____

13. Pologne _____

14. Russie _____

15. Moscou _____

16. Chine _____

17. Australie _____

18. Canada _____

19. Danemark _____

N'oublions pas

Étude des mots 4

Les antonymes

Les mots « **gagner** » et « **perdre** » ont un sens opposé.

Les mots qui ont des sens opposés sont appelés **antonymes**.

Sur la ligne à côté de chaque mot, **inscris** le mot de la liste de droite qui a le sens opposé.

1.	guerre	_____
2.	se souvenir	_____
3.	bravoure	_____
4.	victoire	_____
5.	combattre	_____
6.	construire	_____
7.	silencieux	_____
8.	fier	_____
9.	vivant	_____
10.	liberté	_____
11.	ami	_____
12.	loyauté	_____

mort
honteux
esclavage
ennemi
se rendre
défaite
lâcheté
traîtrise
détruire
bruyant
oublier
paix

Choisis **deux** paires d'**antonymes**. Compose, avec chaque paire, une phrase qui montrera bien le sens des mots.

_____

_____

_____

_____

_____

_____

N'oublions pas

Étude des mots 5

Les synonymes

Les mots « **méchant** » et « **cruel** » ont le même sens.

Les mots qui ont le même sens ou un sens très rapproché sont appelés **synonymes**.

Sur la ligne à côté de chaque mot, **inscris** le mot de la liste de droite qui a le même sens.

1. ami	_____	**célébrité**
2. fossé	_____	**sacrifice**
3. monument	_____	**responsabilité**
4. loyauté	_____	**tank**
5. brave	_____	**camarade**
6. gloire	_____	**assassin**
7. devoir	_____	**gagnant**
8. éloge	_____	**tranchée**
9. courage	_____	**cénotaphe**
10. terreur	_____	**fidélité**
11. tueur	_____	**intrépide**
12. vainqueur	_____	**oppression**
13. tyrannie	_____	**peur**
14. renoncement	_____	**compliment**
15. char d'assaut	_____	**audace**

N'oublions pas

Étude des mots 6

Le pluriel

Le mot « **pilotes** » est un mot au pluriel. Le pluriel désigne plus d'une chose.
Exemple : avion – avions

Pour certains mots, le pluriel se forme en ajoutant un « **x** » plutôt qu'un « **s** ». C'est le cas des mots se terminant par « **au** ». Les mots qui se terminent déjà par un « **x** » ou un « **s** » au singulier s'écrivent de la même façon au pluriel.

Écris, sur la ligne, le pluriel de chacun des mots ci-dessous.

1. ennemi _____
2. coquelicot _____
3. croix _____
4. armée _____
5. souvenir _____
6. torpille _____
7. tranchée _____
8. bombe _____
9. espion _____
10. combattant _____
11. responsabilité _____
12. bateau _____
13. soldat _____
14. cénotaphe _____
15. héros _____
16. allié _____
17. couronne _____
18. cérémonie _____

N'oublions pas

Étude des mots 7

Les catégories de mots

On trouve diverses catégories de mots dans une phrase. Les noms, les verbes, les adjectifs et les adverbes en sont quelques-unes.

Place les mots de la liste de droite dans la bonne catégorie du tableau.

Noms	Verbes
_____	_____
_____	_____
_____	_____
_____	_____

Adjectifs	Adverbes
_____	_____
_____	_____
_____	_____
_____	_____

soldat

combattre

fièrement

courageux

bravement

rouge

coquelicot

bombarder

se souvenir

cénotaphe

audacieux

lentement

héroïque

couronne

courir

paisiblement

N'oublions pas

Étude des mots 8

Des mots dans d'autres mots

Les réponses aux indices ci-dessous se trouvent dans les mots

le jour du Souvenir

Sers-toi des lettres de ces mots pour former tes réponses.

1. un jour de la semaine ____ ____ ____ ____ ____

2. un mois de l'été ____ ____ ____ ____

3. contient des histoires ____ ____ ____ ____ ____

4. faire avancer un ballon par terre ____ ____ ____ ____ ____

5. un liquide qu'on boit au déjeuner ____ ____ ____

6. un pronom personnel au pluriel ____ ____ ____ ____

7. l'épouse d'un roi ____ ____ ____ ____ ____

8. le contraire de « pleurer » ____ ____ ____ ____

9. une très jolie fleur ____ ____ ____ ____

10. le contraire de « mou » ____ ____ ____

11. un morceau d'étoffe qui fait avancer un bateau
____ ____ ____ ____ ____

12. une partie de ton visage ____ ____ ____ ____

13. un tournevis fait pénétrer cette tige dans du bois ____ ____ ____

14. le contraire de « vieux » ____ ____ ____ ____ ____

15. un astre qui tourne autour de la Terre ____ ____ ____ ____

16. qui n'est accompagné de personne ____ ____ ____ ____

17. le contraire de « chagrin » ____ ____ ____ ____

18. joindre deux pièces de métal ____ ____ ____ ____ ____ ____

N'oublions pas

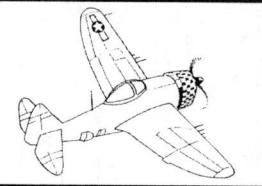

Étude des mots 9

Les anagrammes

Change l'ordre des lettres pour former des mots qui se rapportent à la guerre.

1. vnaoi = ____ ____ ____ ____ ____
2. daarr = ____ ____ ____ ____ ____
3. snipeo = ____ ____ ____ ____ ____ ____
4. trom = ____ ____ ____ ____
5. eobmb = ____ ____ ____ ____ ____
6. hacr = ____ ____ ____ ____
7. lcneise = ____ ____ ____ ____ ____ ____ ____
8. leptio = ____ ____ ____ ____ ____ ____
9. élisal = ____ ____ ____ ____ ____ ____
10. ixcor = ____ ____ ____ ____ ____
11. depraa = ____ ____ ____ ____ ____ ____
12. venrai = ____ ____ ____ ____ ____ ____
13. rueger = ____ ____ ____ ____ ____ ____
14. todsla = ____ ____ ____ ____ ____ ____
15. ehmrac = ____ ____ ____ ____ ____ ____
16. shoré = ____ ____ ____ ____ ____
17. mtacob = ____ ____ ____ ____ ____ ____
18. nrami = ____ ____ ____ ____ ____
19. epej = ____ ____ ____ ____
20. aéemr = ____ ____ ____ ____ ____

N'oublions pas

Création littéraire 1

À la recherche d'un poème

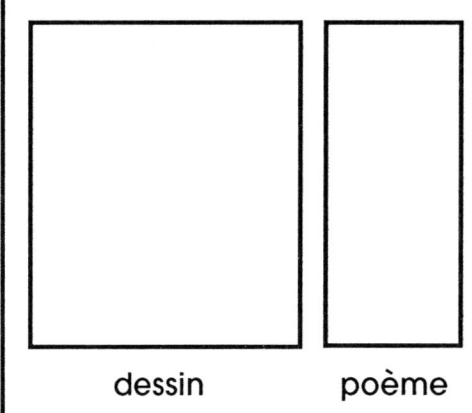

Parcours des ouvrages de poésie et trouve un poème sur le jour du Souvenir ou sur la guerre.

Lis le poème attentivement, puis **transcris**-le de ta plus belle écriture. Ensuite, **illustre** le poème.

Colle le poème et ton dessin sur une feuille de papier de bricolage.

dessin   poème

N'oublions pas

Création littéraire 2

Une phrase pour se souvenir

Il est important qu'on se souvienne des gens qui se sont sacrifiés au nom de la liberté.

Rédige une phrase qui servira à rappeler l'importance du jour du Souvenir.

Exemple :

N'oublions pas les hommes et les femmes qui ont combattu pour leur pays et qui sont morts dans des pays éloignés.

_____

_____

_____

_____

_____

N'oublions pas

Création littéraire 3

Paroles de reconnaissance

Le jour du Souvenir, il y a beaucoup de choses pour lesquelles nous exprimons notre reconnaissance.

Rédige trois phrases, dans lesquelles tu exprimeras ta reconnaissance.

Exemple :

Soyons reconnaissants de pouvoir vivre en liberté dans notre beau pays.

_____

_____

_____

_____

_____

_____

N'oublions pas

Création littéraire 4

Pensées sur le jour du Souvenir

Rédige un paragraphe où tu exprimeras tes pensées et tes sentiments au sujet du jour du Souvenir.

Exemple :

Le jour du Souvenir, nous pensons à tous les orphelins de la guerre. Nous nous souvenons des soldats qui ont perdu un bras ou une jambe en combattant pour leur pays. Le jour du Souvenir nous rappelle combien il est important de vivre en liberté et de bien s'entendre les uns avec les autres.

_____

_____

_____

_____

_____

_____

N'oublions pas

Création littéraire 5
Rédaction d'une histoire

Rédige une histoire descriptive et excitante en te servant de l'un des titres ci-dessous. Tu peux aussi inventer une histoire dont tu choisiras toi-même le titre.

1. Un acte de courage
2. Le héros de guerre
3. Mort au combat
4. La vie dans les tranchées
5. Le jour du Souvenir
6. Un pilote de chasse célèbre
7. Pourquoi nous portons un coquelicot

8. Notre fuite dans les montagnes
9. Le jour où la guerre a pris fin
10. En mémoire des soldats morts
11. Poursuivis pas les Allemands
12. Je n'oublierai jamais…
13. Une autre guerre
14. Enfin, la paix

N'oublions pas

Création littéraire 6

Une carte de souhaits

Crée une carte de souhaits que tu pourrais envoyer à une mère qui a perdu son fils, sa fille ou son mari, au cours d'une guerre ou d'une mission de maintien de la paix.

Illustre le devant de ta carte ou découpe ta carte pour lui donner la forme d'un symbole du jour du Souvenir.

Rédige une belle pensée à l'intérieur.

Exemple :

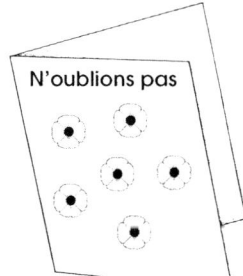

N'oublions pas

N'oublions pas

N'oublions pas

Création littéraire 7

Un poème en escalier

Un poème en escalier est un poème qui se développe d'une marche à l'autre.

Première marche : le nom d'une personne ou d'une chose

Deuxième marche : trois mots descriptifs ou qui expriment une action

Troisième marche : l'endroit où se trouve la personne ou la chose

Quatrième marche : un autre nom pour la personne ou la chose

Exemple :

Un guerrier

Dans les tranchées

Brave, vaillant, loyal

Un soldat

N'oublions pas

Création littéraire 8

Un quintil

Un quintil est un poème simple, à cinq vers, ou lignes. Chaque vers compte un nombre spécifique de syllabes.

_____

_____

_____

_____

_____

2 syllabes - **titre**

4 syllabes - **description du titre**

6 syllabes - **mots d'action**

8 syllabes - **remarque sur le titre**

2 syllabes - **autre nom pour le titre**

Exemple :

Armée
Plein de soldats
S'avance, tire, tue
Défend sa nation en guerre
Troupes

Rédige ton propre quintil, puis **illustre**-le.

N'oublions pas

Création littéraire 9

Un haïku

Un haïku est un poème japonais de trois vers seulement.

Chaque vers compte un nombre spécifique de syllabes.

Premier vers :	_____	cinq syllabes
Deuxième vers :	_____	sept syllabes
Troisième vers :	_____	cinq syllabes

Exemple : Ils poussent toujours
Sur les tombes des soldats
Les coquelicots

Rédige ton propre haïku sur le jour du Souvenir, puis **illustre**-le.

N'oublions pas

Création littéraire 10

Un acrostiche

Un acrostiche est un poème où chaque lettre d'un mot est utilisée comme première lettre d'un vers.

Exemple : **M** orte de peur,
E lle prie pour son fils.
R eviendra-t-il de la guerre?
E lle pleure doucement.

Choisis un mot qui se rapporte à la guerre, à la paix ou au jour du Souvenir.

Crée ton propre acrostiche avec ce mot.

Illustre ton poème.

N'oublions pas

Activité de réflexion 1

Mes trois souhaits...

Dans le cadre du jour du Souvenir, formule **trois** souhaits pour ton pays et pour les gens qui vivent dans le monde aujourd'hui.

Rédige tes souhaits au moyen de phrases complètes.

Dessine une étoile à côté du souhait qui a le plus d'importance pour toi. Explique pourquoi ce souhait est important.

N'oublions pas

Activité de réflexion 2

Le jour du Souvenir, c'est...

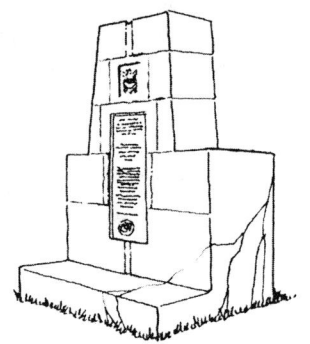

Le jour du Souvenir n'a pas la même signification pour tout le monde.

Exprime, en un ou deux paragraphes, tes sentiments au sujet de cette journée.

Commence ta composition avec l'amorce de phrase ci-dessous.

Selon moi, le jour du Souvenir est important parce que...

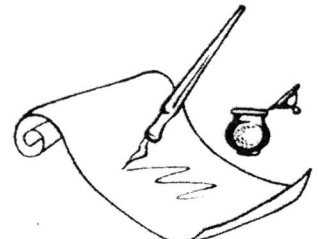

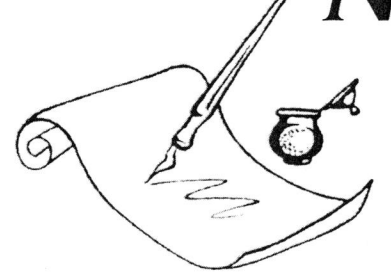 # N'oublions pas

Activité de réflexion 3

En état d'alerte!

Il y a eu beaucoup d'affrontements violents à différents endroits dans le monde.

Le premier ministre du Canada tient une conférence de presse inattendue à la télévision. Il annonce qu'il pourrait y avoir une autre guerre mondiale.

Cette nouvelle te bouleverse et tu décides d'**écrire** une lettre au premier ministre.

Dans ta lettre, exprime tes sentiments et tes inquiétudes au sujet de sa déclaration.

 # N'oublions pas

Activité de réflexion 4

Une affiche pour le jour du Souvenir

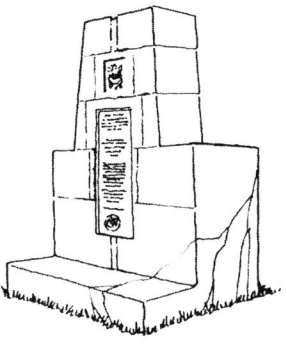

Il ne faut pas oublier les Canadiens et les Canadiennes qui ont donné leur vie pour que nous puissions vivre en paix.

Crée une affiche au sujet du jour du Souvenir.

Sur ton affiche, **dessine** une image ou un symbole important qui a un lien avec cette journée.

Rédige, avec soin, un énoncé éloquent et indique la date du jour du Souvenir.

Suspends ton affiche dans ton école, afin de rappeler aux élèves que cette journée bien spéciale approche.

N'oublions pas

Activité de réflexion 5

Les combats au front

Imagine que tu es un soldat combattant dans les tranchées ou sur un champ de bataille d'un pays étranger, pendant la Première ou la Seconde Guerre mondiale.

Pense à ce que tu ressentirais, aux bruits que tu entendrais et aux scènes auxquelles tu assisterais.

Trace un tableau comme celui que tu vois ci-dessous.

Dans ton tableau, **consigne** tes sentiments et tes observations.

Sentiments	Bruits	Scènes

N'oublions pas

Activité de réflexion 6

Actes de bravoure

Au cours des nombreuses guerres qui ont eu lieu, beaucoup de soldats, de marins et de pilotes ont accompli des actes de bravoure audacieux. Certains ont même risqué leur vie en s'acquittant de leur devoir.

Cependant, il n'y a pas que les militaires qui accomplissent des actes de bravoure.

Souvent, des gens ordinaires risquent leur vie pour sauver des personnes ou des animaux.

Songe à des situations ou encore à des endroits où des gens doivent faire preuve de bravoure.

Dresse une liste de ces actes de bravoure.

N'oublions pas

Activité de réflexion 7

Une interview

Imagine que tu dois interviewer un ancien combattant de la Seconde Guerre mondiale ou une personne qui fait actuellement partie des forces armées.

Pense à des questions que tu aimerais lui poser.

Dresse une liste de **dix** questions intéressantes.

Rédige le compte rendu de ton interview, en indiquant les réponses possibles de la personne interviewée, puis lis ton compte rendu à tes camarades.

N'oublions pas

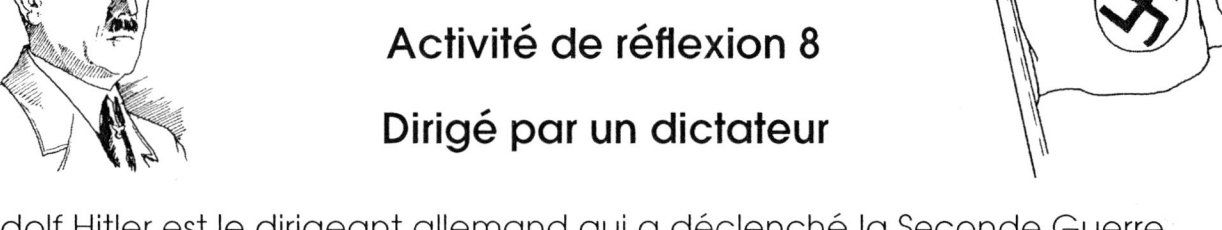

Activité de réflexion 8

Dirigé par un dictateur

Adolf Hitler est le dirigeant allemand qui a déclenché la Seconde Guerre mondiale, en envahissant d'autres pays dans le but d'agrandir son territoire.

Il voulait créer une race supérieure en éliminant les gens qui, à son avis, n'avaient pas les qualités nécessaires pour en faire partie.

Imagine ce que serait le monde aujourd'hui si Adolf Hitler avait remporté la Seconde Guerre mondiale.

Rédige un ou deux paragraphes où tu exposeras tes idées d'un monde qui serait dirigé par un dictateur comme Adolf Hitler.

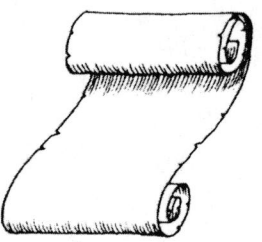

N'oublions pas

Activité de réflexion 9

Un tableau d'honneur

Les noms des Canadiennes et des Canadiens qui sont morts au cours des deux guerres mondiales sont inscrits dans les Livres du Souvenir, qui sont, en quelque sorte, des tableaux d'honneur.

Songe à d'autres Canadiens et Canadiennes qui ont accompli des actes de bravoure n'ayant aucun lien avec une guerre.

Inscris les noms de **cinq** d'entre eux sur un tableau d'honneur. À côté de chaque nom, **indique** l'acte que la personne a accompli.

Exemple :

Terry Fox
A tenté de traverser le Canada en courant avec une jambe artificielle, dans le but de recueillir des fonds pour la recherche sur le cancer.

N'oublions pas

Activité de recherche 1

Dirigeants en temps de guerre

Choisis l'un des dirigeants ci-dessous :

Winston Churchill

Franklin D. Roosevelt

Adolf Hitler

Joseph Staline

Benito Mussolini

Hideki Tojo

Découvre dix faits intéressants au sujet du dirigeant que tu as choisi.

Rapporte ces faits en deux paragraphes, au moyen de phrases complètes.

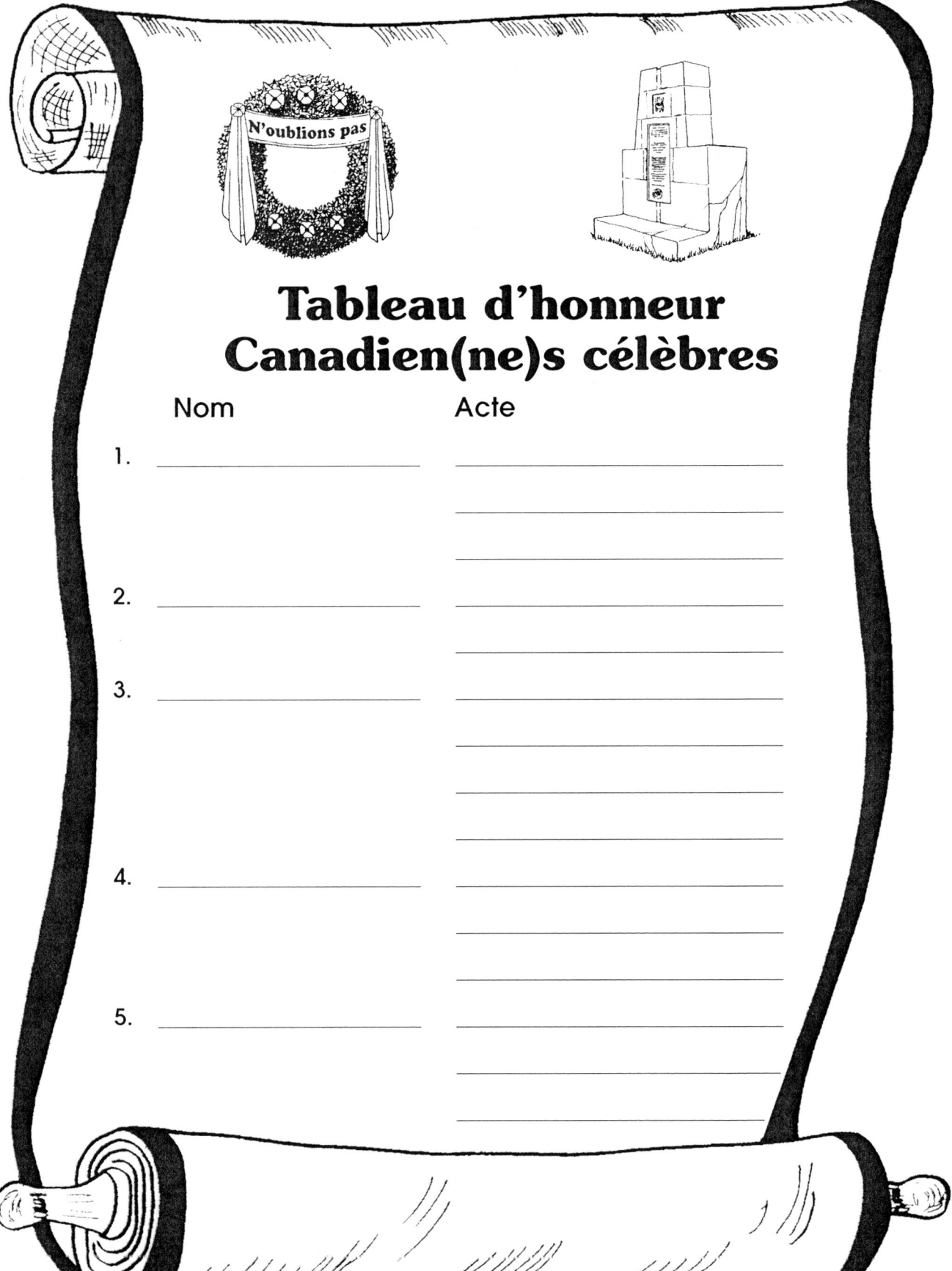

Tableau d'honneur Canadien(ne)s célèbres

Nom	Acte
1.	
2.	
3.	
4.	
5.	

N'oublions pas

Activité de recherche 2

La fleur du Souvenir

Des coquelicots ont poussé sur les tombes des soldats qui sont morts dans les Flandres, au cours de la Première Guerre mondiale.

Le coquelicot est un symbole du jour du Souvenir depuis de nombreuses années.

Fais une **recherche** dans une encyclopédie et trouve **cinq** faits intéressants au sujet du véritable coquelicot.

Rapporte ces faits par écrit, au moyen de phrases complètes.

Dessine le coquelicot.

N'oublions pas

Activité de recherche 3

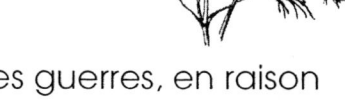

Des endroits importants

Beaucoup d'endroits sont devenus célèbres pendant les guerres, en raison d'événements importants qui s'y sont produits.

Essaie de découvrir, dans une encyclopédie ou des ouvrages de référence, l'événement important qui s'est déroulé dans les endroits ci-dessous, en temps de guerre.

Flandres

Hiroshima

Dunkerque

Pearl Harbor

Normandie

N'oublions pas

Activité de recherche 4

Recherche sur un pays

Beaucoup de pays ont joué un rôle dans la Seconde Guerre mondiale.

Voici une liste de certains de ces pays :

Allemagne	*Grande-Bretagne*
France	*Pays-Bas*
Italie	*Japon*
États-Unis	*Pologne*
Russie	*Canada*
Australie	*Autriche*

Choisis le pays qui t'intéresse le plus.

Trouve **dix** faits intéressants au sujet de ce pays.

N'oublions pas

Activité de recherche 5

Médailles canadiennes

Beaucoup de Canadiens ont reçu des médailles pour récompenser leur courage en temps de guerre.

La *Croix de Victoria* est l'une des médailles les plus importantes.

Fais une **recherche** afin de savoir pourquoi elle est aussi importante et de quoi elle a l'air.

Illustre d'autres médailles que tu juges intéressantes et **indique** le nom de chacune sous le dessin que tu en as fait.

N'oublions pas

Activité de recherche 6

Engins de guerre

Au cours des guerres qui ont eu lieu, on a utilisé divers engins de guerre.

Fais une recherche dans des ouvrages de référence pour découvrir les engins dont on s'est servi.

Illustre six de ces engins, puis **indique** le nom de chacun sous le dessin que tu en as fait.

Fais la présente activité sous forme de tableau.

N'oublions pas

Activité de recherche 7

La bombe atomique

Au cours de la Seconde Guerre mondiale, des bombes atomiques ont été larguées sur deux villes japonaises, Hiroshima et Nagasaki, afin de mettre fin à la guerre.

Fais une **recherche** pour connaître les effets que produit l'explosion d'une bombe atomique.

Exprime, par écrit, tes sentiments au sujet de l'usage d'armes nucléaires de nos jours.

N'oublions pas

Activité de recherche 8

Un tour du monde

Utilise un atlas pour repérer les pays et les villes ci-dessous qui ont été touchés par la Seconde Guerre mondiale.

Donne-toi un point pour chaque endroit que tu arrives à repérer.

Tu as **quinze** minutes pour faire cette activité.

Heure du début de l'activité : _____   Heure de la fin de l'activité : _____

Pays

1. Argentine _____	14. France _____
2. Australie _____	15. Brésil _____
3. Venezuela _____	16. Angleterre _____
4. Belgique _____	17. Grèce _____
5. Bolivie _____	18. Inde _____
6. Canada _____	19. Mexique _____
7. Chili _____	20. Nouvelle-Zélande _____
8. Chine _____	21. Pérou _____
9. Colombie _____	22. Pologne _____
10. Cuba _____	23. Russie _____
11. Tchécoslovaquie _____	24. Turquie _____
12. Danemark _____	25. Norvège _____
13. Égypte	

Villes

1. Berlin _____	6. Pearl Harbor _____
2. Londres _____	7. Varsovie _____
3. Tokyo _____	8. Rome _____
4. Hiroshima _____	9. Paris _____
5. Nagasaki _____	

Compte bien tes points.

J'ai obtenu _____ points.

Corrigé

Activité de lecture 1 : *(page 14)*

1. • Les gens voulaient d'autres terres où faire pousser de la nourriture.
   • Des guerres ont eu lieu à cause d'un désaccord ou de la soif de conquête.
   • Des dirigeants ont fait la guerre pour accroître leur puissance.
   • Des pays craignaient une attaque et ont attaqué en premier.
   • Des pays se sont fait la guerre pour obtenir des richesses.
   • Des gens ont combattu en raison de leurs croyances religieuses.

2. Les raisons sont les réponses que donne le gouvernement au peuple pour convaincre celui-ci de le soutenir. Elles sont habituellement nobles. Les causes de la guerre ont leur source dans l'égoïsme, la vilénie ou même la méchanceté.

3. Les gens détestent les guerres, à cause des épreuves et des souffrances qu'elles entraînent.

4. Les réponses varieront.

Activité de lecture 2 : *(page 18)*

1. L'assassinat de l'archiduc François-Ferdinand d'Autriche-Hongrie et de sa femme, à Sarajevo.

2. **a)** Cet endroit a été le site de plusieurs petites guerres.
   b) Il y avait encore, récemment, des guerres dans la région. Exemple : Sarajevo, Bosnie.

3. Le Canada faisait partie du Commonwealth et il était fidèle à la Grande-Bretagne.

4. Il y avait 32 100 soldats.

5. Un gaz mortel a été utilisé pour la première fois.

6. C'était la bataille de la crête de Vimy.

7. Billy Bishop a reçu la Croix de Victoria.

8. Le mot « conscription » signifie l'enrôlement obligatoire dans les forces armées.

9. La province de Québec s'est élevée contre la conscription.

Activité de lecture 3 : *(page 21)*

1. Allemagne, Angleterre, guerre, supériorité
2. char d'assaut, barbelés, tranchées
3. mitrailleuse, abattait
4. soldats, tranchées
5. no man's land, balayée
6. boueuses, inconfortables, pénible
7. ennemis
8. gaz, vomissements, suffocation
9. mitrailleuses, fantassins
10. avions, combats
11. technologie, industrialisation, destructrice
12. France, Belgique, Allemagne

Activité de lecture 4 : *(page 23)*

1. Un grand nombre de bâtiments – 2e paragraphe
2. Des usines, des ponts et – 2e paragraphe
3. près de 10 millions de – 1er paragraphe
4. Des millions de personnes ont – 6e paragraphe
5. La guerre a coûté des – 3e paragraphe

6. Quatre monarques ont été renversés – 4ᵉ paragraphe

7. La Russie et l'Allemagne ont – 5ᵉ paragraphe

8. Beaucoup de gens ont choisi – 6ᵉ paragraphe

9. Elles ne voulaient pas renoncer – 6ᵉ paragraphe

10. En Europe, les espoirs et – 6ᵉ paragraphe

11. La Finlande ainsi que l'Estonie – 5ᵉ paragraphe

12. Les soldats qui ont pu – 3ᵉ paragraphe

Activité de lecture 5 : *(page 29)*

1. Vrai   **2.** Faux   **3.** Faux   **4.** Vrai   **5.** Vrai   **6.** Faux   **7.** Faux

8. Vrai   **9.** Faux   **10.** Vrai   **11.** Vrai   **12.** Faux

Activité de lecture 6 : *(page 31)*

1. environ 17 millions

2. en Union soviétique

3. des bombardements aériens les ont détruites

4. personnes déplacées

5. une défaite indéniable

6. Union soviétique et États-Unis

7. communiste

8. un « rideau de fer »

9. l'Organisation des Nations unies

10. la tension entre l'Union soviétique et les États-Unis

11. affamés et sans abri

Activité de lecture 7 : *(page 33)*

1. *dignité* : respect que mérite quelqu'un, respect de soi-même

2. *fierté* : contentement à l'égard de quelque chose ou de quelqu'un

3. *courage* : bravoure, force de caractère devant les difficultés

4. *amitié* : affection, sympathie pour quelqu'un

5. *abnégation* : sacrifice volontaire de soi-même, renoncement

6. *inauguration* : cérémonie par laquelle on livre un monument au public

7. *symboliser* : être le symbole de quelque chose, représenter

8. *sacrifice* : privation volontaire, le fait de se sacrifier

9. *arche* : une voûte en forme d'arc

10. *détermination* : attitude d'une personne qui agit sans hésitation

Activité de lecture 8 : *(page 35)*

Les réponses varieront.

Activité de lecture 9 : *(page 37)*

1. sacrifice   **2.** tyrannie   **3.** hommage   **4.** oppression   **5.** liberté   **6.** courage

7. réflexion   **8.** cénotaphe   **9.** dignité   **10.** souvenir   **11.** émouvant   **12.** significatif

Activité de lecture 10 : *(page 40)*

1. Il nous rappelle les coquelicots qui poussaient sur les tombes des soldats morts et dans les champs de bataille de la France et de la Belgique.

2. Il a été choisi comme symbole après la Première Guerre mondiale.

3. On a choisi cette date parce que la Première Guerre mondiale a pris fin le 11 novembre.

4. Ils étaient en tissu, et avaient des pétales rouges et un centre noir.

5. Ils sont faits de plastique recouvert d'un tissu pelucheux rouge et ont un centre noir.

6. Ce sont des hommes qui avaient été blessés pendant la Première Guerre mondiale. Ils ne pouvaient pas trouver d'emploi.

7. Une mère est choisie pour poser une couronne au pied du monument, au nom de toutes les autres mères.
8. Les réponses varieront.

Activité de lecture 11 : *(page 42)*

1. une structure qui se dresse sur la Colline du Parlement
2. l'une des plus belles structures de style gothique au monde
3. la Chapelle du Souvenir, les Livres du Souvenir ainsi qu'un carillon
4. de 53 cloches
5. Chapelle du Souvenir
6. pierres, marbre noir, plaques de marbre sculpté, Autel du Souvenir, Livres du Souvenir
7. le nom des hommes et des femmes qui sont morts au cours de la Première Guerre mondiale, au service de notre pays
8. Les réponses varieront.

Activité de lecture 12 : *(page 46)*

1. A. Roy Brown
2. Jean Brillant
3. Paul Triquet
4. Billy Bishop
5. Paul Triquet
6. A. Roy Brown
7. Billy Bishop
8. Joseph Kaeble
9. Billy Bishop
10. Joseph Kaeble
11. Paul Triquet
12. Jean Brillant

Activité de lecture 13 : *(page 48)*

Les réponses varieront.

Étude des mots 1 : *(page 49)*

Mots croisés

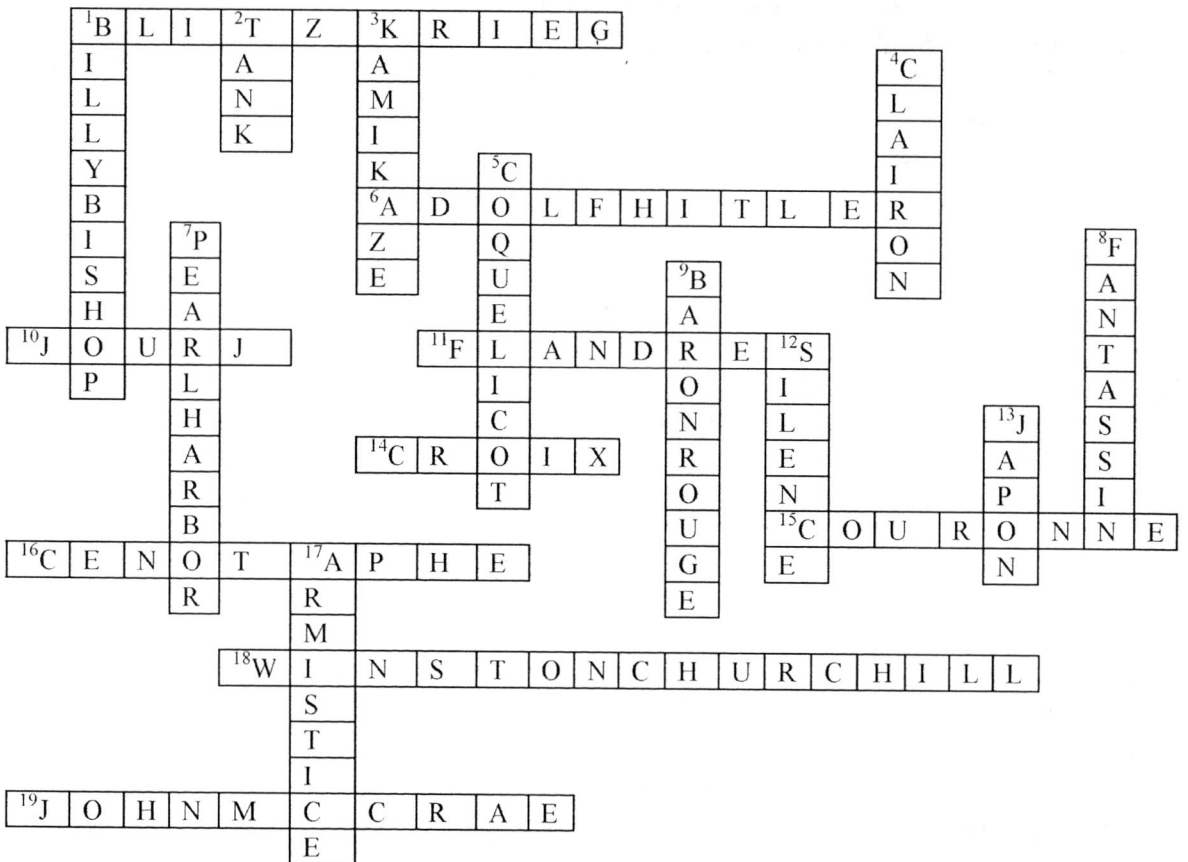

Étude des mots 2 : *(page 51)*   Mots cachés

Étude des mots 3 : *(page 52)*

1. Nor-man-die   2. Dun-ker-que   3. Ja-pon   4. I-ta-lie
5. Na-ga-sa-ki   6. Bel-gi-que   7. Al-le-ma-gne   8. Si-ci-le
9. Ber-lin   10. Lon-dres   11. Pa-ris   12. Suis-se
13. Po-lo-gne   14. Rus-sie   15. Mos-cou   16. Chi-ne
17. Aus-tra-lie   18. Ca-na-da   19. Da-ne-mark

Étude des mots 4 : *(page 53)*

1. paix   2. oublier   3. lâcheté   4. défaite   5. se rendre
6. détruire   7. bruyant   8. honteux   9. mort   10. esclavage
11. ennemi   12. traîtrise

Étude des mots 5 : *(page 54)*

1. camarade   2. tranchée   3. cénotaphe   4. fidélité   5. intrépide
6. célébrité   7. responsabilité   8. compliment   9. audace   10. peur
11. assassin   12. gagnant   13. oppression   14. sacrifice   15. tank

Étude des mots 6 : *(page 55)*

1. ennemis   2. coquelicots   3. croix   4. armées   5. souvenirs
6. torpilles   7. tranchées   8. bombes   9. espions   10. combattants
11. responsabilités   12. bateaux   13. soldats   14. cénotaphes   15. héros
16. alliés   17. couronnes   18. cérémonies

Étude des mots 7 : *(page 56)*

Noms : soldat, coquelicot, cénotaphe, couronne
Verbes : combattre, bombarder, se souvenir, courir
Adjectifs : courageux, rouge, audacieux, héroïque
Adverbes : fièrement, bravement, lentement, paisiblement

Étude des mots 8 : *(page 57)*

1. jeudi	**2.** juin	**3.** livre	**4.** rouler	**5.** jus	**6.** nous ou vous
7. reine	**8.** rire	**9.** rose	**10.** dur	**11.** voile	**12.** joue
13. vis	**14.** jeune	**15.** lune	**16.** seul	**17.** joie	**18.** souder

Étude des mots 9 : *(page 58)*

1. avion	**2.** radar	**3.** espion	**4.** mort	**5.** bombe	**6.** char
7. silence	**8.** pilote	**9.** alliés	**10.** croix	**11.** parade	**12.** navire
13. guerre	**14.** soldat	**15.** marche	**16.** héros	**17.** combat	**18.** marin
19. jeep	**20.** armée				

Images à découper

79

80